丛书编委会

顾　　问：李南沉　张建国　李瑞霞　赵玉巧
　　　　　王学军　张彦虎　陈贵臣　李　宁
策　　划：李炳亭　刘　文　李志宇
主　　编：姚文俊
执行主编：金耀林
编 委 会：（按姓氏笔画排序）
　　　　　王会臣　王志红　刘敏杰　张宏敏
　　　　　张如伟　张士峰　金耀林　姚文俊
　　　　　赵继红　贾向阳　原绿色　程丽华

本书编写人员

主　　编：张如伟
副 主 编：陈　颜　黄晓娟　杨卫芳
编写人员：王　艳　朱秀敏　李颖颖　张伟利　张　扬
　　　　　朱凌丽　魏淑芳　朱凌丽　王　萍　张　静

殷·都·样·板

为了学生的学

WEILE
XUESHENG DE XUE

主编　姚文俊
执行主编　金耀林

山东文艺出版社

总　序

近几年，河南省安阳市殷都区接连唱响了"基础工程、人才工程、质量工程"的教育三部曲，使全区中小学办学条件极大改善，教育改革全面推进，教育教学质量迅速提升。

第一部曲：基础工程——资源整合，实现了城乡一体化。"调整学校布局，实现规模办学"，让农村孩子也享受到城市孩子一样的优质教育。

2003年2月，时任殷都区区长的李南沉在对所管辖区的农村29所学校进行调研时，当看到一个个村落分布着零星的学校；空荡荡的教室，孤零零的几个学生；破旧的黑板，透风的门窗……"看到这些黑屋、土台、泥孩子，我心里真不是滋味！当时就想我们宁可党政机关不购车，不涨工资，也要改变农村教育现状！"

2004年，在区财政收入仅5600万的基础上，殷都区就敢拿出8000多万搞教育硬件建设，将其中29所农村中小学整合为5所"10年不维修，20年不落后，30年留有发展空间"的高标准的新型农村学校。殷都教育发展第一部曲在河南省乃至全国均产生了较大影响，河南省教育厅厅长蒋笃运在视察之后感慨地说："你们这都赶上省会学校了！"

第二部曲：人才工程——引进人才，组建高端专家队伍。"引进人才"已被大家解读为破译安阳市殷都区素质教育成功推进的密码。

2007年7月，殷都区被确立为"全国教育改革实验区"。2008年12月，中国教育学会对殷都区进行阶段性验收，并给予高度评价。期间，邀请了谈松华、张民生、陈锁明、肖川等全国著名学者教授，以及魏书生、孙双金、卢志文、窦桂梅、华应龙等10余名在全国具有较大影响的教育专家前来讲学；组建了由中国教育学会会长顾明远、国家总督学顾问陶西平、原教育部基础教育司司长王文湛等19位享誉全国的教育大家组成的"殷都教育改革与发展高端智囊团"；聘请安阳市20位知名中小学教育专家为"殷都区教育发展顾问"。

聘请全国人大代表、中国教育学会小学教育专业委员会理事长、原安阳市人民大道小学校长姚文俊为殷都区教育总顾问；聘请了安阳市政协原副主席、享受国务院政府特殊津贴专家、省政府督学、特级教师金耀林为殷都区教学总顾问；聘请了安阳市名校、安阳市资深校长、原五中校长安世侠为殷都区外国语中学校长；聘请了林州市第二实验小学原校长、河南省教育厅学术技术带头人原绿色为殷都区教体局副局长兼中国小屯教育集团总校校长；聘请了安阳市文峰区教研室原教研员、河南省名师张宏敏为殷都区教体局副局长兼教研室主任……

第三部曲：质量工程——科研引领，全面提升育人质量。融主体教育思想与多元智能理论为一体的主体多元教育思想，是殷都教育发展第三部曲的主旋律。

2009年6月，殷都区委、区政府决定将"少年儿童主体多元发展实验研究"在全区教育系统全面铺开。成立了殷都区教科培中心、成立了姚文俊校长工作室、金耀林名师工作室；成立了以姚文俊先生为首的"主体多元教育实验"领导小组。

2009年10月，成立了"主体多元教育实验"讲师团和报告团；成立了"主体多元教育实验"专题论坛；开辟了"主体多元教育实验"网络专版；构建了由实验学校和专家为主体的"推广分包网络"，传、帮、带、扶，辐射全区每个学校。

2009年12月，殷都区提出"打造主体多元高效课堂"的目标。前面的理论学习只是第三部曲的前奏，课堂是教学的主阵地、是课改的主战场，打造殷都特色主体多元高效课堂是全面铺开主体多元教育实验的突破口。为此，殷都区委、区政府作出决定：从今年伊始，我区与中国教师报名校共同体正式合作，进入全面推进"主体多元教育，打造高效课堂"的培训和实施阶段。

在这里，我们不能不提殷都区委书记李南沉，人称"课改书记"。在他任职的殷都区，课改成为最大的政治。他常说，教育改革不只是教育内部的事，要上升为全区意志。他让区委常委、组织部长分管教育，并公开说，谁不课改，立马拿下！他并不是像其他重视教育的官员一样，只是给教育"拨款"。他对教育的重视突破了"行政领导""物质支持"的局限，而达到了"思想领导""精神指导"的境界。为了让全区教育工作者更加理解并领会这次教改，他特意向大家推荐了四本书——杜威的《民主主义与教育》、卢梭的《爱弥尔》、袁贵仁的《马克思的人学思想》和拉伯雷的《巨人传》，之后又陆续推荐了《窗边的小豆豆》和电影《三个傻瓜》。在全区教育经典名著阅读研讨会上，他带头畅谈了自己的读后感："现在，我们从学校开始，来一场彻底的思想革命、体制革命、心灵革命，培养一代新人、一代巨人……我们要有一种气概，打不开保守的大门，就把房顶掀掉！"对于"育人标准"，他的一贯理念是：允许孩子各个方向的发展，长成参天大树是有用人才，长成低矮的苹果树、梨树也是我们所需要的。对于"高效课堂"，他反复告诫：把学习知识的效率作为高效课堂的最高追求是一种伪高效。只追求知识接受，只追求成绩高低的教育是应试教育。高效课堂的本质是让学生愿意学习、学会学习的同时形成自学能力和自我发展能力，是为学生走向社会奠定一生幸福的基础。打个比喻,穷人关注的是如何吃饱,富人关注的是如何吃好、吃得更合理。我们称应试教育为"穷人教育",关注的仅仅是分数高低,而素质教育应被称为"富人教育",分数已经成为高效课堂的副产品,不存在吃不饱的问题,而是如何吃好的问题,不存在分数上不去的问题,只是分数高的同时全面发展的问题。

"教育改革拓展到哪里,政府支持就延伸到哪里。"殷都区委副书记、区长张建国的话掷地有声。

殷都区的区域整体推进课改不再是教育内部的事,而是上升为全区的意志。

在这里,我们更要提到的是中国教育学会小学教育专业委员会理事长、原安阳市人民大道小学校长姚文俊。主体多元教育是他在实践中总结出来的一项重要成果,是融主体教育和多元智能理论为一体的新的理论体系。他说:"主体教育是一种发展学生主体性即自主性、主动性和创造性的实践活动,是培养学生的一种内在精神。智能教育是一种面对有差异的学生创造适合每个学生发展的教育,即开发学生多元智慧潜能的实践活动。主体多元发展教育就是把激活的主体性这种内在精神作用于学生智慧潜能的长项,使人人都成为最佳的我。"他又说:"'主体多元'不仅要成为殷都教育人的语言符号,更要注入血液、融入心灵,真正转化为相应的教育教学行为。"他的"以学生发展为中心,既要诚心诚意地让学生做主人,又要进行严肃严格的基本训练,围绕知识与能力,过程与方法,情感、态度、价值观的三维目标,坚持学生主动、教师主导、问题主线、活动主轴的教学原则,培养学生的自尊自信、自主学习、小组合作、动手实践、探究创新"的教育主张已成为殷都教师所追求的目标。我们"主体多元"的"主体"就是教育要以学生而不是以老师为主体;"多元"就是促进学生个性发展,评价孩子要多一把尺子,不能唯分数论。目的在于调动学生学习的自主性、主动性和创造性,让学习成为学生的一种内在精神需求，不仅愿意学，而且会学；不仅学习课本知识，而且学习课本以外的知识，懂得知识是怎样来的；不仅学习知识，而且获得学习知识的能力。这是一种对传统教育的颠覆，是一种从思维到行为的质的变化。按照这一理论，他提出：以高效课堂为突破口，把构建发展性教学系统作为实施主体多元教育实践的主要抓手，构建"双向五环"高效课堂模式。所谓"双向"，指的是教与学双方要实现互相干预，形成内在的互动；所谓"五环"，指的是课堂上关键的五个环节，即：学生预习与教师导学，学生合作与教师参与，学生展示与教师激励，学生探究与教师引领，学生达标与教师测评。在"双向五环"中，"双向"是按纵向构建设计教与学的内容，其核心是发展；"五环"是按照横向构建设计内容的，其核心是结构。"双向五环"组合在一起就使教、学内容形成了一个纵成线横成面的网络化结构。正是这样一种结构，根本上改变了传统教学模式中'我教你学'的单向结构，从而决定了这样的课堂效率是高效的。

在这里，我们还要提及以李志宇为首的殷都区教体局的执行力，无论是"领悟力、预测力、计划力"还是"服从力、组织力、创新力、问责力"都做得非常到位。无论是对模式的确立、模式的解读、模式的培训、模式的推行、模式的探索、模式的攻坚，都做到了不遗余力。回顾一下我们的改革轨迹：理念洗脑、培训风暴、理论测试、固模过关、模式验收、百课大赛、百师会战、问题诊断、难题攻坚；还有"政治文明三大举措进校园"、学生为主体的校园文化、800多个学生社团；特别是与中国教师报名校共同体合作，组织安排对方派遣的100余位名师、20余位专家深入学校，走进教室，与教师、学生零距离接触，确保了课改健康顺利地向前推进……哪一样都是在教体局的精心策划、周密安排下有条不紊、步步深入。

殷都的改革刚刚开始，殷都的课改仅是起步，相比单个学校的课改，区域课改则是一个更为复杂的系统工程，殷都区的改革价值或许就在这里。改革初见成效，前进仍有曲折，"殷都经验"似乎并不完美，但殷都区域课改已经走过了最艰难的时刻，取得了阶段性成效。殷都教育人在风雨中坚定了信心，更重要的是，自上而下、自下而上形成了一种"改革自觉"。

2010年5月以来，各级媒体对殷都教育改革进行了详细的报道：2010年5月22日、29日，《教育时报》以"学生快乐学习，教师幸福工作"为题进行了报道；2010年7月14日，《中国教师报》以"'双向五环'模式下的区域课改"为题报道殷都区高效课堂改革；2010年9月3日，《中国教师报·区域周刊》以"课改是最大的政治"为题对殷都区委书记李南沉进行专访；2011年5月21日，《教育时报·管理周刊》头版头条对李南沉书记进行专访；2011年6月7日，《香港文汇报》对李南沉书记进行专访，解读殷都教育现象。特别是2011年4月27日，《中国教师报》以9个版面全面报道殷都教育改革；2011年5月18日，《中国教师报·教育家周刊》以两个版面对殷都区领导和专家进行专访。

殷都第三部曲正在进行之中，时值巩固深化阶段之际，我们推出了殷都区主体多元教育改革丛书，旨在为全国的教育同仁们探索区域课改的成功经验，推动区域教育均衡发展，提升区域教育核心竞争力等方面，提供一个样本，并起到抛砖引玉的作用。

本丛书能得以出版，要感谢中国教师报总编助理、采编部主任李炳亭，感谢中国教师报名校共同体，同时，也感谢山东文艺出版社的领导和编辑，在此，一并致谢！

主编寄语

2006年4月，以姚文俊校长为首的"少年儿童主体多元发展实验研究"落户河南省安阳市梅东路小学。主体教育是全国素质教育六大模式之一，是一种发展学生主体性的实践活动，即发展学生的自主性、主动性和创造性。智能教育是一种承认差异、尊重差异、善待差异，开发人的智慧潜能的扬长教育。主体多元教育思想与多元智能相融合，构建出一种主体多元发展的教育模式，根据善待差异原理，实施扬长教育，使每个学生都能成为最佳的我，把主体教育进一步引向深化。安阳市梅东路小学以学科系列为突破口，以构建主体多元发展性教学系统为载体，进行了细致深入的研究工作。

实验历经六年的艰苦历程，无论谁来到梅东路小学参观、学习，都会被孩子们的积极主动所感染。

安阳市梅东路小学"少年儿童主体多元发展实验研究"的成果是多方面的，《为了学生的学》一书就是这些成果的荟萃。全书共包括三个部分：认识篇、实践篇、成果篇。该书全面系统地展示了学校六年来主体多元发展实验研究的成功经验。这是一本来自基础教育第一线的现代教育理论与实践紧密结合的高水平的教育专著。

安阳市梅东路小学主体多元发展实验研究的成功经验，归纳起来主要有以下几个方面：

第一，构建了主体多元发展课堂教学模式。

课堂教学是教学活动的主要阵地，是激发、培养学生主体意识、多元智能的重要途径。随着研究的深入，他们研究出了适合学生发展的课堂教学模式——高效课堂教学模式。

高效课堂教学模式十分注重学生学习能力的培养，真正地把"自主、合作、探究"的理念落实到教学行为中。学生在学的过程中，学会了自主探究，学会了团队合作，学会了竞争创新。这种教学模式，真正做到了面向全体学生，让每一位同学都参与了进来，学生变"苦学"为"乐学"，变"怕上课"为"不愿下课"。最重要的是，高效课堂教学模式让学生终身受益。它的目标是培养全面发展的人，从学会知识到掌握学习方法到训练终身发展的能力。高效课堂就是"知识的超市、生命的狂欢"。课堂真正成为了促进学生终身发展的催化剂。

第二，创建了主体多元发展自主管理模式。

1. 学生自主管理

学生成为自主管理的主人。为提高学生自主管理能力，增强学生集体荣誉感，在实践锻炼中让学生实现他律——自律——自主管理的主人翁意识，学校少先队在原有的"自主管理"基础上成立"小学生自主管理委员会"，出台了《小学生自主管理委员会管理制度》，形成了学生自主管理的常态机制。

自主管理的直接动力来源于小学生自主服务、行为自律的需要。真正的自主服务、自主管理是儿童发自内心的行动，具有明确的目的性和计划性。引导自主管理，根本上在于培养自主管理的能力。在管理中，一是不论校领导还是老师，都要充分尊重学生，把学生从被动、被管理变为主动管理自己，做自己的主人，做班级的主人，变"要我做"为

"我要做";遵循"人人有岗位,事事有人做,人人有事管,人人有责任"的原则,把主人地位还给学生,让每个学生都明确奋斗目标,了解工作环节,清楚自己应该承担的各种义务和责任。

2. 教师自主管理

学校管理工作本着以人为本的出发点和归宿,体现尊重人、依靠人和发展人的指导思想。学校设立"教师自主管理学校组",对年级组工作、学科组工作进行闭合式管理。每天对全体教师进行一次巡视,通过常规管理、课堂巡查的方式对年级、学科的情况进行了解。教师自主管理学校组直接受校委会领导,负责督促年级主任、学科主任的工作情况,为学校评价学科、年级、教师提供依据。其管理内容:①登记当天晨读情况。②登记当天课堂教学情况。③督促值周主任、学科主任检查课堂。④课堂内相关问题的发现和处理。每周例会时反馈,总结本周好的做法和典型,反馈发现的问题和解决办法,安排下周的高效课堂工作重点。

《为了学生的学》由张如伟校长任主编,陈颜、黄晓娟、杨卫芳任副主编,参与撰稿的共13人。根据专题的顺序依次是:第一章由张如伟、黄晓娟、张伟利、朱凌丽、魏淑芳撰稿;第二章由杨卫芳、王艳、张静、王萍撰稿;第三章由陈颜、李颖颖、朱秀敏、张扬撰稿。

本书在编写过程中参考了许多专家学者的著作和文章,特别是中国教育学会小学教育专业委员会理事长姚文俊、著名教育专家金耀林对本书的编写给予了大力支持,在《为了学生的学》出版之际,特向他们表示真诚的感谢和崇高的敬意。

编者
2011 年 7 月

目 录

总序
主编寄语

认识篇
    对主体多元教育理论的阐述 / 3
    主体多元教育思想下的新型教育观 / 8
    对发展性教学系统的认识 / 15
    课堂教学作为突破口 /25

实践篇
    回顾六年的实验历程 / 31
    调整课程计划 / 34
    优化课堂结构 / 38
    富有特色的学科教学研究 / 42
    构建主体多元评价体系 / 54
    梅东路小学高效课堂师生自主管理办法 / 60

梅东路小学制度建设　/68

成果篇
主体多元发展性教系统研究初步成果　/ 91
札记　/ 99
论文　/ 169
教案　/ 223
导学案　/ 253

Part 1
第一部分

认识篇

Wei Le
Xue Sheng
De

对主体多元教育理论的阐述

呼唤有智慧的教育，培养有个性的学生，已经成为当今我国教育改革的主旋律。如何从根本上革除我国传统教育中重知识传授、轻智慧养成的弊端，如何在教育教学的过程中彰显学生的个性，使拥有不同天资和强项的学生都能够得到最适合其自身特质的发展，从而最终实现人的全面发展，始终是教育领域中备受瞩目的核心命题。

美国著名的心理学家霍华德·加德纳提出的多元智能理论，以全新的智能理念，为我们提供了一个评价学生的多元视角，引领我们重新审视以往的教育思维和教学策略。该理论自提出以来已在全球教育界引起强烈关注。在国外，有学者提出，多元智能理论将是21世纪的主流教育思想之一。在我国，也有专家认为，多元智能理论是我们长期以来一直在努力推崇的"素质教育的最好诠释"。近来，又有人指出，多元智能理论与建构主义理论一道，构成了我国新课程改革的强大理论支撑。但是加德纳只是给了我们一些新的思想，告诉我们应该换一种思路来理解智能，至于实践领域中如何操作和实施，并将这些操作和实施提升到理论层面予以审视，他并没有给出明确的答案。这固然为创造力的发挥留出了无限的空间，但同时也使广大一线教师产生了困惑和迷惘。很多教师都急于想知道，多元智能理论究竟应该如何走进中小学校，如何深入课堂教学，如何与当前的课程改革发生联系，如何去改变教师的教学行为和学生的学习方式，如何让学生自主地多元的发展等等，都是我们亟需解决的问题。

主体教育思想

主体性教育是一个哲学思想，将这一哲学思想落实到教育实践中，是发展人的主体性实践的教育活动。主体性是人最本质的特征，其内涵包括自主性、主动性和创造性。自主性是人对自我的认识，即自尊、自信和独立的人格。主动性是指人在客观面前表现出积极、主动的态度。创造性是人最高的智能发展，是人的主体的最高境界。主体性强的人会将人的主动转化为内驱力，表现出积极探索、锐意改革的进取精神。主体性教育思想是促使人积极主动地认识、适应和创造世界的有力武器。

多元智能理论

美国著名的心理学家霍华德·加德纳提出的多元智能理论，倡导学生主动参与、探索发现、交流合作的学习方式，引起教师角色、教与学方式的变革。多元智能理论提出：人的大脑智能包括八种，即语言智能、逻辑——数理智能、运动智能、音乐智能、自我认识智能、人际关系智能、空间智能、自然观察者智能。多元智能理论倡导对于有差异的学生，就应采取有差异的教育，差异就是财富，真正的教育应是扬长的教育，即使每位学生都有发展。教育就是要促进人的发展，因此教育要以了解、认识、尊重受教育对象为前提，才能更好地促进受教育者的发展。

主体多元教育模式

主体教育与多元智能相结合形成新的教育理念,突出表现为主体的智能是多元的,每个主体智能的多元存在着差异。主体多元发展教育就是要了解人的智能差异,研究人的智能差异,善待人的智能差异。通过扬长教育把发展人的主体性和开发人的智慧潜能结合起来,把人的内在精神作用于人的智能的长项,促进学生全面发展,实现全面发展打基础、个性发展有特长。

1. 主体多元教育模式的构建目标

(1) 一个中心:即以学生发展为中心;突显两个方面:一是发展学生的主体性,二是开发学生的智慧潜能。

(2) 两个原则:诚心诚意让学生做主人,严格严肃对学生进行基本训练。

(3) 三个重点:

①构建发展型教育系统:构建师生共同发展,实现师生生命价值的体系,优化课堂教学结构,优化课程结构设置。

②实现以做人为核心的德育教育新格局的构建,构建学校德育教育体系、校园文化体系。

③构建以人为本的创新型管理制度。学校管理应以人为本,即以每个人的发展为本,把激励和约束相结合,构建以人为本的创新型管理制度。

(4) 四条策略:即激发兴趣与鼓励参与的策略、创设情境与引导合作的策略、善待差异与发展个性的策略、规范行为和体验成功的策略。

(5) 培养学生的五种能力:即自爱自信能力、主动与自控能力、学会学习能力、动手操作能力、实践与探索能力。

(6) 四个系列：德育系列、学科系列、活动系列、家庭教育系列。

(7) 五种成果：出质量、出经验、出理论、出队伍、出名校。

2. 主体多元教育模式的主要内容

(1) 新课程标准下小学生综合素质结构的研究。主要研究目的是：通过实施新课程教学，使学生全面、和谐发展，使每个学生个性得到张扬，特长得到发挥。

主要研究途径是：构建和实施新的小学生综合素质评价体系。

(2) 在新课程中实施德育教育，培养学生综合素质的研究。主要研究目的是：通过实验，探索在小学德育活动中，如何加强学生道德教育和人文教育，培养学生学做人，学做现代人，从而提高学生综合素质。主要研究的途径是：开展以小学生养成教育为核心的德育教育活动，建立学生德育评价体系。

(3) 新课程教学与学生综合素质形成与发展的研究。主要研究目的是：通过实验，积极探索促进学生综合素质提高的新课程教学方法。主要研究途径是：通过目标教学管理，课堂教学评价，开展学科课、活动课、实践课、环境课等课堂教学实践，在实际教学活动中培养学生综合素质。

(4) 优化学校"三课"（观摩课、示范课、公开课）教研活动，促进课堂教学改革的有效实施研究。主要研究目的是：通过优化"三课"教研活动，促进教师综合素质的提高。主要研究途径是：采取"三课"达标及"三课"的竞赛活动，提高和优化教师的教学能力。

3. 主体多元教育模式的目标

总体目标：通过实验研究，探索符合小学生综合素质发展的有效途径，总结出符合学生健康发展的教育教学方法，促进学生身心和谐健康全面的发展；强化科研兴校意识，使全体教师思想素质和业务能力得到提高；促进学校管理，提高办学水平，使之上一个新的台阶。

具体目标：

（1）通过实验总结提炼出符合小学生综合素质发展的培养途径、方法和经验，形成系统的育人观、方法论，以指导实际教育教学。

（2）通过实验提高学校的管理水平，提高教师的教育教学能力。

（3）通过实验研究新课程实施与学生综合素质发展的关系。

4. 主体多元教育模式的原则

（1）发展性原则：实验研究要有利于学生的发展、教师的发展、学校的发展，充分发挥"科研兴校"的积极作用，促进学生、教师、学校发展的原则。

（2）主体性原则：教育教学的各项活动都必须发挥教师教育教学的主导作用，学生自主创新的主体作用，最大限度地调动全方位的积极性、主动性的原则。

（3）理论联系实际的原则：以现代教育理论为指导，构建针对性强、适合培养学生综合素质、教师综合能力的教育体系的原则。

（4）实效性原则：紧紧围绕教育教学实际，坚持实事求是，一切从实际出发，扬长避短，注重实效，指导教育教学工作的原则。

主体多元教育思想下的新型教育观

主体多元教育思想下的教育观

主体多元教育是以人为根本,以价值塑造为前提,以能力培养为核心,以社会公平为基础,根植现代社会,引领时代不断进步的教育。构建人的主体素质,发展人的主体性,完善人的本质,促进社会的文明进步,是主体教育的本质特征。实现人的全面发展,是主体教育追求的终极目标。

传统意义的传道、授业、解惑是对为师者业务职能的概括,而在知识经济时代的今天则赋予教师新的使命。联合国教科文组织编写的《学会生存——教育世界的今天和明天》一书中,对教师的角色作了这样的描述:"教师角色至少要发生这样一些变化,即由传授者转化为促进者,由管理者转化为引导者。"即:教师应树立这样一个现代理念——为人的可持续发展而实施教育。

教师要教在今天,想到明天,以明日建设者的素质和德才要求,指导今日的教育教学工作。要做到今天的教学，是为学生明天会学；要让课堂成为学生在教师指导下获取知识、训练能力、发展智力以及思想情操受到良好熏陶的场所。教师应是教练员，不是运动员，要让学生运用感觉器官和思维器官，去学习、去实践，为今后更好地成长奠定良好的基础。

在知识经济时代，任何一名教师都不可能把学生步入社会后几十年中所需要的知识都传授给他们，但如果学生具备了自学的能力、独立思考的能力、探求新知的能力、动手实践的能力以及创造的激情与精神，同时具有良好的思想道德素质和终生学习的习惯，终生受益不尽。

主体多元教育思想下的教学观

主体多元教育思想，强调尊重学生的主体地位和主体人格，培养人的主体性，开发人的智慧潜能，培养学生的自主性、主动性和创造性，使他们在掌握人类优秀文化基础上学会学习、学会创造。多元教育思想认为，人的智能不断受到先天和后天的影响，学校教育不只是传授知识，更重要的是要引导学生多元智能的发展。因此，当今教师的任务应不仅仅限于授业、解惑，在教学方法上，也不能像过去一样大搞"一言堂"，进行"填鸭式教育"了。教学过程要彻底地改变原来的老师讲学生听，要在课堂教学实践中尊重学生的主体地位，应该注重生生、师生之间的互动，在积极的互动空间中产生思想的灵动，碰撞思维的火花。教师应在了解学生智力发展差异的基础上，重视学生个体之间存在的智能差异，尽可能地调整自己的教学思路，为了学生智能的全面发展而采取多元性的教学方法。另外教师也要充分利用教学素材，精心设计教学过程。在教学活动中教师应该想办法让学生更多地参与和表现，发挥学生的主体性。同时，教师应利用主体多元教育思想，设计不同的教学辅助活动，重视学科之间知识和能力的迁移,在活动中因人而异,因材施教,激发学生的学习兴趣,帮助引导学生将优势智能向弱势智能迁移,尽可能地提高学生的语言、逻辑思维、身体运动、音乐、交际等各项智力。只有这样,把多元智力理论随时引入课堂教学,针对学生的心理和生理特点采取丰富多彩的教学方法,才可能最大限度地培养学生各方面的能力。

主体多元教育思想下的教师观

加德纳教授认为教育工作者的角色首先应该是评估专家,能尽可能敏锐地、全面地理解和认识学生的能力和兴趣。在教育教学过程中要改变两只眼睛总是盯着学生的缺点、毛病,把批评、训斥、惩罚作为常用的教育手段。教师要用欣赏的眼光、宽容的胸怀、理解的态度、善待的方法对待每一个学生,使学生的独立人格得到应有的尊重,自主权利得到必要的保证,个性差异得到真正的承认,兴趣爱好得到充分的发展。其次,教师应成为"学生课程代理人"。加德纳教授指出,优秀的教师应该是能够就一个概念打开多扇窗户的人,他们的作用就好像"学生与课程之间的中介"一样,能够根据学生个体表现出来的独特的学习模式,经常注意到那些能更有效地传达有关教学内容的辅助教材,并能尽量采用既有趣又有效的方法运用它们。教师在学生多元智能的教育开发中,应扮演多元的、积极的角色,从知识的权威者转变为学生学习的指导者、支持者、合作者、促进者,使教师由舞台的主角变成幕后的导演;从传授知识的严师转为学生学习的引导者;由课程的重视执行者转为课程的研究者、实施者和评价者,构建教师与学生之间的相互尊重、相互理解的民主、合作的师生关系。同时教师应发挥人格力量,努力提高自身整体素质,以广博的知识引导学生,以高尚的人格感染学生,促进学生的学业进步和人格完善,使之最终成为有利于社会发展的有用人才。

主体多元教育思想下的学生观

主体教育论认为：主体性的实质是人的一种内在精神，它能使人产生一种内动力，主体性强的人会把这种内动力变成一种内驱力，成为一种自觉能动的行为。多元教育思想告诉我们，每个学生在不同程度上都拥有八种基本智能。个体的差异主要是由于受各种不同环境和教育的影响和制约，智能的结构及其表现形式有所不同。因此每个学生都能在教师有效的教育下得到充分的自主发展，在学校的教育教学中，让每位学生发现自己至少有一个方面的长处至关重要。而造成教与学不相适应、不协调的矛盾的关键之一就在于教师的课堂设计脱离了学生的个性特点与智能特长。这就启示教师必须首先全面了解学生，承认他们之间的差异，并且尊重这些差异，了解每个学生的优势智能和弱势智能。然后，教师需要对不同的学生进行区别对待，因材施教，并对相同的教学内容采取不同的教学方法，提出不同的要求，根据不同的教学内容采取不同的教学形式，满足不同学生的需求，发挥各自的特长。既然智力发展具有多元性，那么培养学生树立正确的智力观也是非常重要的。为此，教师在教学过程中应设法减轻学生心理负面影响，降低他们的情感过滤机制。最后，教师应该积极引导学生，将自己在优势智能领域中所表现出来的智力特点和意志品质迁移到弱势智能领域，促进其非优势智能的发展，鼓励每个学生成为均衡发展的多元化的主动学习者。

主体多元教育思想下的质量观

质量就是学生主动和谐地发展，既发展学生的主体性（自主性、主动性和创造性）又开发学生智慧潜能的多元化。主体多元教育思想是从多角度用全面的、发展的眼光来评价学生的智能发展。分数、升学率不是质量的本质。如果硬把质量锁定在分数和升学率上，那么"应试教育"、素质教育都可以提高"质量"。但前者是以牺牲师生生命为代价，换来的是高分低能；后者是以激活师生的主体性，开发师生智慧的多元性为目的，创造一种适合每个学生快乐发展的教育，使"人人成为最佳的我"。

"质量是一果多因"就是说质量高低这个结果是受多种因素所制约的。就一所学校而言，它的质量受三大要素所制约：一是办学物质条件，二是教师整体素质，三是学生来源，缺一不可。但附近两所学校基本条件相同，但质量有高有低的现象也是常有的，这说明要素需要组合，优化组合了就能实现 $1+1>2$，否则 $1+1<2$。

就校长而言，要坚信向管理要质量，"管理就是质量"。学校里的一切人所从事的一切活动都是为了育人。教师育人："人—人"，是指教师通过具体的、直接的教育教学活动来实现育人这一目的。而校长育人则是"人—人—人"，中间这个人是通过组织以校长为核心的管理育人队伍，以教师为主体的教书育人队伍，以职工为主力的服务育人队伍和以环境为特点的家庭育人队伍等来实现育人这一目的。我们常讲管理要以人为本，就是指校长脑子里要装着两本账：一本是知人善任，即把每个教职工安排到最能发挥其作用的岗位上；另一本是满足教师精神和物质上的合理需要。

就教师而言，要坚信"向课堂要质量"。课堂是教师和学生双边，通过教学的互动，既发展学生的主体性又开发学生的多元智能，进而达到教学相长、双赢共好、最优化的育人效果的实践活动。只要沿着学生预习、教师导学，学生合作、教师参与，学生展示、教师激励，学生探究、教师引领，学生达标、教师测评的教学过程的递进和学生认识发展的规律，就能实现学生主体性这种内在精神作用于学生多元智能的开发上。

就学生而言，要坚信向自主发展要质量。学生是受教育者也是教育者，是一个受动到能动的集合体。他不仅具有自尊自信、自我调控、独立判断决断、自觉自理的自主性，而且还具有成就动机、强烈的竞争意识、广泛的兴趣爱好和较强的社会适应能力的主动性。特别是创新意识、创造性思维能力和动手实践能力是他的最高表现。但现实小学教育中，好多教师不是用欣赏的眼光看待学生，用理解的心态对待学生，用宽容的态度善待学生和用激励的方法发展学生，而是两只眼睛盯着学生的缺点和毛病，把批评、训斥、惩罚、限制、防堵作为常用的教育手段，造成学生独立人格得不到尊重，自主权利得不到保证，个性差异得不到承认，兴趣爱好得不到发展。结果培养出来的学生不尽如人意，在自主性上常常表现为被人规定、被人指派、被人控制的境地，不能根据自己的需要、愿望、兴趣、爱好自主地选择适合自身的教育，不去积极取得独立的人格地位；在主动性上常常表现为没有明确的目标，缺乏进取精神，害怕困难，回避矛盾，缺少社会交往、主动参与、大胆竞争和强烈的求知欲；在创造性上常常表现为不善于独立思考，盲目随从别人，办事不灵活，喜欢循规蹈矩，不爱表现自己，缺乏理解分析和解决实际问题的能力。

因此，提升育人质量，首先必须尊重学生、相信学生、解放学生，让学生真正成为学习的主人；其次必须调查了解学生，分析研究学生，面对有差异的学生实施有差异的教育，创造出一种适合每个学生主体性发展和多元智能开发的教育；其三改革创新质量评价制度，实现考试、考核、考评一体化，使教育从传统走向现代。这样的考评制度既是对学生进行严肃严格的基本训练，又是诚心诚意地让学生做主人，把激活的主体性这种内在精神作用于学生的智慧潜能，形成一种内动力，并转化为一种内驱力，使"要我学"变成"我要学"，进而夯实双基提高能力。

主体多元教育思想为我们挑战传统，形成新型的有时代特色的教育观提供了有意义的借鉴。要把主体多元教育思想运用到教学中，教师应该树立"为多元智能而教"和"通过多元智能来教"的教学思路。只有这样，教学才能凸现"为了全体学生的发展，为了学生的全面发展，为了学生的个性发展"的教育精神，体现"全面、和谐发展"的理念。

主体多元教育思想下的发展观

科学发展观的基本价值取向，就是以人为本。坚持以人为本是对人的主体地位的宣扬和提升，体现了马克思主义的人文关怀。学生是学校的主体，是学校的生存之本，是教学的对象、教育的中心和教育的目的。同时，也是教学的出发点和教学的归宿。然而，传统的课堂，教师在教学中唱"独角戏"，忽视学生的主体作用的发挥。如此，不能充分发挥学生的主观能动性，使得学生的许多智能因没有接触到开发的某种环境未被激发出来，得不到发展。

对发展性教学系统的认识

发展性教学理论与内涵

"教学与发展"是教学理论与实践的一个永恒主题。教育的核心理念是为了每一位学生的发展,关注每一位学生的学习状态,旨在促进人的主体性发展。发展性教学是现代教学三大流派之一(发展性教学、结构主义教学、范例教学并称为现代教学三大流派),其思想不仅代表了一个时代,而且影响着当代教学的理论与实践。

1. 赞科夫发展性教学理论的提出

发展性教学理论,是前苏联著名心理学家和教学专家列·符·赞科夫在其老师维果茨基的研究基础上经过 20 年的持续研究于 1975 年总结形成的。

前苏联著名心理学家维果茨基(1896—1934)就教学与发展问题,提出了"最近发展区"之说,即儿童发展可能性的思想,归结为"教学应当走在发展的前面"的结论。第一种水平是现在发展水平,由已经完成的发展程序的结果而形成,表现为儿童能够解决智力任务。维果茨基把第二种水平称为最近发展区。最近发展区说明那些尚处于形成状态，刚刚成熟的过程正在进行。这一水平表现为：儿童还不能独立地解决任务，但在成人的帮助下，在集体活动中、通过模仿，却能够解决这些任务。儿童今天在合作中会做事，到明天就会独立地做出来。

维果茨基这样总结了他的关于教学与发展问题的思想：只有当教学走在发展前面的时候，这才是好的教学。"教育学不应当以儿童发展的昨天，而应当以儿童发展的明天作为方向"。

赞科夫理论是在维果茨基提出的"两种发展水平"也即"最近发展区"理论上发展和成熟起来的。赞科夫理论的根本指导思想，就是"以尽可能大的教学效果来促进学生的一般发展"。所谓"一般发展"，就是不仅发展学生的智力，而且发展情感、意志品质、性格、集体主义思想。可见，强调"一般发展"，就是指儿童心理的一般发展，即指其整个个性的发展。赞科夫所要研究的一般发展在这之前，前苏联教育学和心理学著作在涉及教学与发展问题时，历来只限于教学对学生智力发展的影响。

赞科夫提出了"教学的结构决定学生发展进程"的重要思想，指出"教育作用的完整性是保证教育作用对发展有高效率的关键所在"，主张以整体性观点来安排教学结构，组织教学过程。在用整体性观点安排教学结构、组织教学过程时，赞科夫认为，"必须有这样一些安排教学过程的原则，使这些原则能够成为所有学科教学的核心"。这个核心就是他在实验过程中制定的五项教学论原则。

（1）以高难度进行教学的原则。
（2）以高速度进行教学的原则。
（3）理论知识起主导作用的原则。
（4）使学生理解学习过程的原则。
（5）使全班学生（包括最差的学生）都得到发展的原则。

赞科夫发展性教学这五项原则的使命都在于指导和调节教学的发展

作用。在这里，赞科夫又提出了通过观察活动、思维活动和实际操作活动来研究儿童一般发展的创见。心理活动的这三条线索是相互联系、相互渗透和相互补充的，它们中的每一条线索都是一般发展的一定表现形式。也就是说，学生在周密设计的观察活动、思维活动和实际操作活动中反映出来的发展水平，都是一般发展的水平，而并不是个别的具体能力的水平。赞科夫的这一创见，具有很大的现实意义，它不仅解决了具体的研究方法问题本身，而且在一定程度上可以用数量来判别儿童的一般发展水平。

赞科夫的建构主义教学理论：①切身性；②参与性；③情境性；④自主性；⑤框架性；⑥问题性；⑦随机性；⑧体验性；⑨合作性；⑩开放性。

特别值得提出的是：赞科夫提出的上述发展性教学理论，在大力推进高效课堂的今天，对教学尤其有创造性借鉴的必要。

2. 发展性教学的真正内涵

(1) 发展性教学是现代教学观念的核心。现代教学观是在上世纪50年代后，随着科技革命的到来及教育改革的深入开展，在重大的历史变革时期所产生的具有生命力的现代教育意识，现代教学观念的形成发展是与本世纪我国教学理论与实践的发展分不开的。这里所说的教学观念是指按照一定时代政治、经济、文化发展的要求，反映一定社会群体的意愿，对教学功能、目标、对象、结构、过程及形成方法等根本问题的认识。正确、先进的教学观念对教学改革及教学活动的进行发挥着重要的导向、调控作用。而保守、落后的教学观却严重阻碍教学改革的顺利进行。

(2) 发展性教学的目标是促进学生主体性发展。这是由未来社会对高素质人才的要求决定的。为了实现我国赶上世界发达国家水平的宏伟目标，我们培养的人必须具有良好的品格，有强的适应社会的能力，有高的文化素养。他们不仅会学习、会生活,而且会创造、会做人。这种人集中表现在主体性的高度发展方面。

(3) 发展性教学是对传统教学的扬弃。"发展性教学"这一概念是否具有科学性,还表现在理论的批判性。原因在于,任何一个新的理论框架的建构,必须涉及对旧的、不合理的教育教学思想观点、原则、方法的批判,或者是进一步地完善、补充,具有很强的针对性。这里提到的"扬弃""弘扬"和"抛弃",指的是经过分析作出判断和评价。"发展性教学",正是针对传统教学中严重忽视人的发展这一问题而提出的。

3. 发展性教学的特点

发展性教学,作为主体性教学是一种以培养和发展学生主体性为主要目标的教学,它体现主体教育思想,追求的是一种境界。总体分析,这种教学,强调尊重学生的主体地位和主体人格,培养学生自主性、主动性和创造性,使他们在掌握人类优秀文化基础上学会学习、学会创造,在教学中,它呈现出以下几大特点:

发展性教学,体现了教学过程中科学实践观和主体能动性的统一。教学认识过程,实际上是认识主体通过教学活动,在教师指导下凭借自己原有的认识结构对来自客体的信息进行选择和加工处理的过程,是在教学活动的基础上,对客体信息的选择和重组。教学中主体和客体的关系正是通过主体自身的对象性活动自觉地建立起来的。正是在立足于教学实践活动基础上,才能培养学生主体参与的意识和主体参与的能力。学生的学习只有通过自身的操作活动和主体参与才能是有效的。学生是活生生的发展中的人,如果将学生看做工具也就不需要什么主体参与的活动了。

作为主体参与的理论依据,发展性教学体现的是科学的活动观,而不是粗陋的实践主义,是以马克思主义关于人的发展学说作为基点。马克思关于人的本质认识的重要命题是:"活动是人的特性,自由自在的活动是全面发展的人的根本特征""人的本质，在其现实性上，是一切社会关系的总和"。"需要，即人的本性"，说明了具体的、现实的、自由自觉的活动是人存在的基本方式，人的活动具有对象性、社会性、主体性，而需要则是活动的动力。教学活动，作为学生发展的重要基础，首先，是学生的参与，其目的是促进个体发展，所研究的是通过什么样的活动才能最有效地促进学生的发展变化。第二，发展性教学不是一般地强调教学实践活动是学生认识发展的基础和源泉，而是将实践活动定位于学生主体，突出个体活动的主体性。第三，发展性教学的活动，是一种有教育性的、创造性的实践活动，是学生在实践活动基础上，主体用现有的认识结构去"同化"外部世界的过程。学生正是在摆弄、操作活动的过程中，发展和掌握客体的特征和关系，并借助词语把它们加以区分和概括，从而获得理性认识。正是通过学生的积极主动参与，为每个学生提供了自我表现的机会、创造的机会，并获得成功的体验。正是在参与中培养学生强的自主性、选择性和创造性。

发展性教学的主体参与，核心问题是学生主体参与状态、参与度问题。学生是积极参与还是被动参与？据有的学者进行的有关研究，认为课堂教学中学生的参与表现出不同的层次水平：听、等、看、不参与，注意力不集中；消极模仿，或进行重复性行为；被动地回答老师问题；主动向老师发问，积极寻求问题的答案。

教学活动是一种社会交往活动，具有鲜明的社会性。在这种特殊的认识活动中，教学过程成为师生间、学生间信息传递的互动过程，也是师生间、学生间情感交流的人际交往过程。无论是个体间交往，还是个体与客观物质的交往，各种交往关系的处理是能否为学生提供一个自由和谐发展的教育环境的关键问题。儿童是在相互合作与交往中得到发展的，而交往不当、不足，则是儿童个性社会化发展的主要障碍。因此，通过交往，在学习者个性特征与学习环境之间努力达成一种平衡。

发展性教学正是体现了师生间、学生间合作、民主、平等和谐的人际关系。不仅为学生的主体性发展提供了良好的气氛和条件,更重要的是,承认教学认识的社会性,将主体间的社会交往纳入认识活动过程,成为学生认识中的一个重要内容。

除此之外,发展性教学还有尊重差异、体验成功两大特点。

发展性教学系统

1. 教学系统

首先解释系统的概念:两个或两个以上相互联系、相互影响的个体组成的具有特定功能的有机整体叫做系统。

教学系统(Instructional System)是教育系统的子系统,是指为了实现某种教学目的,由各教学要素有机结合而成的具有一定教学功能的整体。

(1) 运行过程

学校就是一个大的系统,学校中的各个部门就是学校这个大系统的子系统。其中在这些子系统中学生、教师、教学资源、教学媒体是教学系统的四个基本要素,教学系统通过这四个基本要素的相对运动从而产生着各个系统之间的输入与输出的复杂的运行过程,通过这个复杂的运行过程以保证学校系统内部各个系统的动态稳定与开放性(这是系统的最本质的特征),而这个运行过程我们把它叫做教学过程。

(2) 层次系统

美国著名教育技术专家巴纳西认为教学系统是分层次的系统复合体。这种层次的划分也可用系统的观点来理解,通过层次的划分可以使我们更有针对性地运用教学系统设计理论,不同的层次有不同层次的规定性的具有可操作性的教学设计方法、技术。

这几个层次是：机构层次的系统、管理层次的系统、教学层次的系统、学习层次的系统。这几个系统从机构层次到学习层次，步步递进、前一个层次是后一个层次的"父层"，每一个层次之间存在着相互联系、相互制约、相互作用的组织形式。每一个层次都发生着与其他层次系统在物质、能量、信息上的输入与输出的动态交换运动。

2. 发展性教学系统

党中央提出的科学发展观是指导发展的科学思想理论，我们的教育教学工作必须以科学发展观为指导，科学的发展观在教育事业中体现为坚持以学生为本，促进学生全面发展，建立有利于学生终身发展的学习机制、教育机制、成长机制；促进学生、老师、学校及教育的全面可持续发展。而科学发展观在教育上的具体体现有三个基本内涵：以人为本，全面、协调、可持续发展，教育创新。首先，要领会科学发展观的核心是以人为本。作为学校，落实科学发展观就是要以学生为本，以学生发展为本，而学生获得发展关键在课堂，所以建设高效课堂是学校践行科学发展观的核心。

3. 构建发展性教学系统的基本原则

（1）学生主动与教师指导相统一的原则。

（2）问题主线和活动主轴的原则。

（3）尊重差异因材施教的原则。

（4）师生共同发展的原则。

4. 构建发展性教学系统的基本策略

一是创设和谐情境，鼓励学生合作学习；二是鼓励学生积极学习，主动参与；三是加强学科合作，严格教与学的要求；四是注意个别差异，尊重学生的个性和才能；五是培养学生自我调控能力，鼓励学生大胆创新；六是创设自我表现机会，使学生不断获得成功体验。

5. 发展性教学系统的特征

(1) 主动参与

学生的学习只有通过自身的操作活动和主体参与才能是有效的,只有立足于教学活动基础之上,才能培养学生主体参与的意识和主体参与的能力。在教学活动中,学生主动参与表现在不仅有明确的参与目的,而且表现有很强的思维能力,特别是创造性思维能力及动手操作能力。他们有自己的独到见解,敢于冒险,不断超越自我,从而反映出很强的创造性。同时主动参与还表现在每个学生尽可能地全面参与、全程参与。这取决于教师教学观念以及对教学内容、教学方法的整体把握。

(2) 合作学习

合作学习不仅是一种学习形式,更重要的是作为一种教学思想和教学方式。教学活动从一定意义上讲是一种社会性交往活动。在教学活动中,通过主体合作与交往的实践活动,促进学生主体性发展和学生的社会化进程。关注教学活动中体现出来的群体人际关系和交往活动,积极建立群体合作学习关系,通过多样、丰富的交往形式,为学生提供一个自由和谐的教育环境,使教学成为一种社会文化活动。合作学习对于培养学生的社会交往、民主平等、融洽合作、相互尊重、彼此信任等起着至关重要的作用。

(3) 尊重差异

与以往教学强调共性、忽视个性相比较,主体多元发展教学强调了要尊重差异,并把学生间存在的差异看作是一种教学资源加以开发和利用。尊重差异一是要明确学生的发展存在着差异性,不平均发展,不搞"填平补齐",使每个学生在原有基础上获得最优发展。二是承认学生发展的独特性,尽可能地发现每个学生的聪明才智,尽力捕捉他们身上表现出来的潜在的创造力火花,不追求每个学生各方面的平均发展,而是让每个学生形成自己的特色和鲜明的个性。允许他们通过不同的途径、多样的方式实现发展性的目标。珍视学生的独特性和培养具有独立个性的人，是我们对待学生的基本态度。

（4）体验成功

让学生获得成功的体验，是一种乐观向上、体现强烈主体意识的积极心态。对于学生而言，有进步就是成功，获得成功是每一个学生的权利，而帮助其成功则是每一个教师应尽的义务。让处于不同水平、不同层次的学生都能体验成功，关键在于教师结合教学实际、学生实际进行创造。让师生共享成功的体验，以促进学生主体性发展为目标的教学为教师和学生都提供了共同创造成功、体验成功的机会和条件。

5. 构建发展性教学系统的措施

依照加强基础、发展个性、优化结构、促进发展的基本思路，我们构建了主体多元发展的课程体系。

课程目标由"关注知识"转向"关注学生"，学生在学习过程中获得自信、科学的态度和理性精神。构建有利于探究性学习、合作学习、自主学习的课程体系。

学习内容切合时代要求，贴近学生实际，富有趣味性。要重新认识"双基"的内涵，它应随着时代的变化而有所更新。教学内容可以以课本为基本教材，选取适合学生的富有时代气息和趣味性的辅助教材，让学生从繁琐的知识点中解放出来，把宝贵的时间和精力用于发展学生的思维、培养学生的创造性上来。

教学过程要彻底改变原来的老师讲学生听，要在课堂教学实践中尊重学生的主体地位，应该注重生生、师生之间的互动，在积极的互动空间中产生思想的灵动，碰撞思维的火花。课程设计由"传授知识"转向"引起活动"。要充分考虑学生的学，要能激发学生的学习兴趣，调动学生的学习积极性，学生主动参与全过程，使整个课堂氛围民主而和谐、热烈而科学。

综上所述，教育的发展就是要实现学校和师生的共同发展。那么，作为教育工作者，面对教育的个体是学生，如何真正地实现他们的全面、协调和可持续发展呢？我们认为打造以学生自主学习为核心的高效课堂，让学生通过独立思考、合作探究、自我展示、相互质疑与多方评价等环节，恢复课堂的本来面目，把课堂还给学生，让课堂呈现生本状态，呈现生成状态，呈现师生共同学习、共同探索、共同发展的状态。把课堂还给学生，我们的教育才能真正地实现发挥学生学习的主体作用，才能达到培养学生自主学习的习惯和能力，才能为学生可持续发展奠定坚实的基础，才能实现学生学习能力、表达能力、合作能力和探究能力的提高，进而实现学生多种才能的全面可持续发展。在这个过程中，我们的教师专业化水平也可以得到发展，学校同样也会又好又快地向前发展。

课堂教学作为突破口

主体多元教育实验在学校推行以来，全校教师的教育理念、教学行为发生了显著变化，教育教学质量得到明显提升。课堂教学是学校实施素质教育的主阵地，是主体多元发展性教学系统中的关键环节，同时也是全面铺开主体多元教育实验的突破口。课堂教学是教育教学中普遍使用的一种手段，它是教师给学生传授知识和技能的全过程，也是传播和获取知识的主渠道。它主要包括教师讲解，学生问答，教学活动以及教学过程中使用的所有教具，也称"班级上课制"，与"个别教学"相对。

那么如何充分发挥课堂教学作用，既减轻学生负担，又提高教学质量，这是目前教学改革中应着重研究的问题。而课堂的主体对象有两个：教师和学生，学生又是主体中的主体，他在课堂上的学习效率高低是衡量一节课成功与否的一个标尺。

我们选择发展性教学研究的主要理由就是要充分地尊重学生的个体差异，善待这些差异，发展这些差异，最终让每一位学生的潜能得到最大限度的发展。

教师如何将多元智能理论中的八种智能运用于教学实践，进行具有创造性的和有针对性的教学，以帮助学生更有效地学习。这需要在课堂教学的实际应用中，根据实际情况综合运用。我们为了更好地促进学生的全面发展，所以开展了德育、教学、活动、家教等几个系列的课题研究，而教育教学的主要阵地——课堂正是我们寻找提高学生全面发展的主要突破口。

在课堂上运用主体多元智能理论目的正是宣扬学生的主体性，作用于学生的智能强项，面对有差异的学生，实施有差异的教育，促进有差异的发展。在最短时间内了解到学生的智能发展差异后，我们将从学科特点入手，让不同学科的课堂教学彰显不同的学科特色，为不同的学生提供尽可能大的发展空间，促进其最大限度的发展。在课堂上有针对性地或尽可能多地运用多元智能。创建不同学科不同特色的课堂教学研究，旨在促进具有不同潜能的学生的发展，并且让各种潜能相互作用，和谐发展。如：

1. 语文和英语学科的课堂教学。为学生创设丰富的语言环境，如可以让学生通过讨论、演讲、讲故事、出主意、写日记、出作品等形式锻炼学生的语言智能，促使学生在频繁地说话、讨论和解释中，激发他们的好奇心。

2. 数学学科的课堂教学。要使数学教学体现生活化的特点，让学生形成运用数学进行推理和沟通的能力，把数学应用于学生日常生活，如让学生通过计算、分类、分等、问答、启发等，号召学生在学校的任何活动中，运用逻辑——数学思维方式，使学生了解数学不仅仅限于数学课，而是我们的整个生活。

3. 音乐学科的课堂教学。为学生创设轻松、愉悦的音乐氛围，教师可将音乐融入课堂教学过程中，如把要强调的讲课重点、中心思想、观念主题编成诗歌、快板等形式，教师讲课时播放有节奏的背景音乐，使学生在放松的状态下进行学习，用音乐曲调或节拍作为表达概念、规律或纲要的工具，为学生创造以丰富的想象力进行的表达的机会。

4. 综合学科的课堂教学。要使师生的肢体动作贯穿于课堂教学之中，在课堂教学中，教师可采用肢体回答、课堂剧场（如话剧，木偶戏等）、动作意识（如猜谜活动等）、动手思维（如制作实物等）、身体图示（用肢体表示想法）等方式，表达学生的观念，为学生提供动手操作的机会。

5. 创设多元的视听教学环境。如帮助学生把书本知识和讲座的材料变成图画形象，让学生闭上眼睛想象他们学习的东西，教师用图和符号来描述要讲授的概念，图画对那些空间思维占优势的学生理解知识至关重要，用图画或图解符号，同时使用文字进行教学，可以达到更广泛更好的效果。

6. 课堂应成为师生交流的空间。如让学生组成 3—8 人学习小组，学生在合作小组里可以根据不同智能优势担任不同角色。人际交往智能强的学生负责小组同学的组织；语言智能强的学生负责写作；视觉空间智能强的学生负责画图；身体运动智能强的学生负责创作道具或当主角等。

7. 课堂教学应为学生提供反思自省的时间。在课堂教学过程中，教师给学生反应时间，在讲课、讨论活动期间，学生应该有内省或深思的"暂停"时间，反应时间可以是一分钟，要提供给学生对刚讲新知识进行消化或联系自己实际的机会。让学生联系个人实际，教师可以把学生个人的感觉、生活经历编织到教学中，使所讲知识与他们的生活经历联系起来。

8. 各科教学应满足学生探索自然奥秘的好奇心理。学生渴望通过感官探索大千世界，运用天赋的身心机能敏锐地去感知，主动地观察，并对感知和观察到的信息进行反思和质疑，以体验周围的环境。自然智能教学法强调跨学科学习，如"一个数学问题、一片叶子的形状、一首诗中的某一行等，为什么会这样？"学生可以从不同学科持续提出这些问题，鼓励学生建构学习的意义，学生一旦开始理解事物特点及其原因，形成自己的理论，就可以把自己的想法与其他的同学或书本知识进行比较。通过这类课堂研究活动，学生可获得当前世界的一般知识，动作知识和认识世界所需要的框架和结构。

综上所述，在发展性教学系统研究中，我们应掌握主体多元智能理论的精髓，了解、尊重学生的优势智能，根据每个学生的优势智能特点和独特的表现形式，有针对性地分层次设计课堂教学内容和方法，为学生提供宽松、和谐的教学氛围，使其优势智能得到充分发展，从而也带动其弱势智能的发展。

Part 2
第二部分

实践篇

回顾六年的实验历程

（一）前期准备阶段（2006.7—2007.6）

1. 论证实验课题，制订实验方案

学生是实验的对象、发展的主体，只有对学生进行深入的了解才能制订出符合实际的实验方案。因此，调查了解学生是达到实验目的的前提和基础。根据主体性意义及范畴的理解，我们设计了少年儿童主体性行为表现调查问卷，对学生的主体性发展进行了广泛的抽样调查。之后，在反复论证的基础上，制订出了小学生主体性的实验方案。

2. 组建实验队伍，进行师资培训

主体教育是一种不仅承认并尊重学生的主体地位，更注重发展学生主体性的实验活动。学生在这种教育活动中不仅愿意学习，而且学会学习并在实践中发展自我的人格精神和创新能力，逐步成长为一个全面发展打基础，个性发展有特长的学生。培养这样的学生，仅凭现在的学校教育力量是不够的，需要组建实际工作者与理论工作者，专职教师队伍与兼职教师队伍，校内教育力量与校外教育力量等相结合的实验研究集体。

3. 做好充分的物质准备，营造良好的育人环境为了实现学生全面和谐、活泼主动地发展目标,就需要为学生的发展营造一个宽松的环境。首先优化实验教学区的教育环境:一楼营造为身心发展教育环境;二楼营造为人化自然环境;三楼营造为自主活动的德育环境;四楼营造为音乐教育环境;五楼营造为美术教育环境。

(二)初步探索阶段(2007.9—2008.6)

1. 优化课程结构

在不增加教学计划基本实数的前提下,对课程安排做适当的调整。首先,加强语文、数学教学,打好基础。语文课为培养小学生的语言文字表达能力,一、二年级从规定的语文教学实数中安排一节说话课,20分钟朗读训练和写话训练。一、二、三年级,隔周安排1次20分钟的"数学宫",以激发学生学习数学的兴趣,培养数学思维的能力。

2. 建立发展小学生主体性的四条主要渠道

(1)德育系列

在总结和发扬学校原有先进经验的基础上,从主体性发展这个角度进行了调整和进一步创新,建立了德育新的目标构局。这就是:通过继承传统美德,把学生培养成具有"三五"素质的"真人"。"三五"素质的具体内容是:五爱情感(爱惜生命、孝敬父母、关心他人、热爱集体、报效祖国)、五好习惯(勤学好问、勤劳节俭、文明礼貌、遵纪守法、整洁健身)、五自能力(独立自主、自觉自理、自我表现、自我调控、自我评价)。为了把"三五"教育落到实处又编写了由"四字书""名言录""故事集"所组成的"三五"教育读本,作为学生阅读和学习的材料。这些资料选材典型广泛,故事生动具体。

(2)学科系列

我们确定了各个学科明确具体的发展性教学目标。这是在完成各学科课程标准所规定的基础性教学目标的同时,通过学科教学进一步体现学生自主性、主动性和创造性的发展,构建的目标有明确的层次性和可操作性。

(3) 活动系列

一是通过每学期的"社会实践活动周",以"爱家乡,做主人"为主题,开展分层次的系列教育活动。

(4) 家庭教育系列

在家庭教育方式方法方面,存在的主要问题是:38%的家长在教育子女问题上存在分歧,教育的一致性较差;孩子在家多数时间是完成作业,生活单调;学生每晚看电视时间超过了2小时,家长未能加以正确指导。

3. 转变教师的教育理念,培养科研能力

(1) 通过多种形式学习理论,提高教师的理论修养

(2) 组织教师结合实验课题积极参加科研

(三) 深入发展阶段(2008.9—2011.6)

在实践探索中对以下问题有了初步的认识:

1. 在研究主体教育与全面发展教育、素质教育及现代化教育的关系中促进对主体教育理论体系的探索。

(1) 主体教育与全面发展教育

(2) 主体教育与素质教育

(3) 主体教育与现代化教育

2. 在主体性发展实验研究中构建主体教育模式

(1) 遵循一个理论基础——马克思主义关于人的全面发展学说。

(2) 坚持两项基本原则——诚心诚意让学生做主人,严肃严格地进行基本训练。

(3) 围绕着三个发展重点——自主性、主动性和创造性。

(4) 通过四种渠道——德育系列、学科系列、活动系列和家教系列。

(5) 实现五种能力的培养目标——自主选择、参与表现、合作竞争、实践创新、自我调控。

调整课程计划

(一) 指导思想

为了全面贯彻落实义务课程计划，提高学校实施素质教育水平，促进学生全面、生动、活泼地健康成长，河南安阳梅东路小学严格按照新课程计划标准开齐课程、开足课时，并认真落实抓好教育教学常规工作。对现行课程计划进行调整是一项非常必要和重要的工作，它关系到减轻学生过重的课业负担，关系到教学秩序的稳定，是一项在中小学全面贯彻教育方针和全面提高教育质量的重要举措。

(二) 调整课程计划意义

1. 调整现行课程计划，有利于从课程领域进一步减轻学生过重的课业负担。

中小学生课业负担过重是一个全社会十分关注的重要问题。近几年来，国家教委、各地教育行政部门为了解决这一问题，采取了不少措施，这种情况不利于青少年得到生动、活泼、主动的发展，不利于全面贯彻教育方针，全面提高教育质量。造成中小学生课业负担过重的原因是多方面的，既有教育内部的因素，也有教育外部的社会因素。

2. 调整现行课程（教学）计划有利于稳定学校教学秩序。

调整课程计划，减少学生在校活动总量，并且相应调整有关学科的教学内容和要求，有利于为进一步深化教育改革提供一个比较宽松的环境和较为稳定的教学秩序。

(三) 执行课程计划情况

梅东路小学根据自身的特点，严格按照课程设置的安排对学校的课程进行了设置。每学期由学校教导处根据上级教育主管部门的文件精神拟定课程计划，报校行政会讨论研究，最后制定课程方案、任课教师安排表、课程总表、班级课表和教师课程表。为学期开学工作做好充分准备。

1. 努力建设校本课程

把"上好每一节课"贯穿于教学活动中，在开发校本课程的探索与实践中：一年级开设音乐、美术、写字、语文、数学综合实践校本课程（每周1节）；二年级开设写字、阅读口语交际、数学思维训练、语文、数学综合实践校本课程（每周1节）；三至六年级开设信息教育、语文、数学综合实践校本课程（每周1节）；一至六年级每周开设1节班队活动，把法制教育、心理健康教育、环保教育、安全教育、国防教育都贯穿了进去，使学生的多种非智力因素得到培养；同时我们在每周每个年级的体育课中都安排了1节室内课对学生进行体育、卫生方面知识的学习。

2. 积极进行专题教育

加强对中小学生进行环境保护、人口、青春期、心理健康、国防安全、法制、减灾、消防、交通安全、毒品预防等专题教育。要结合体育或体育与健康等课程，进行中小学卫生健康教育。

根据学生年龄特点开设好民族精神教育和生命教育相关的专题教育。专题教育作如下安排：一年级安排健康教育、环境教育内容；二、三年级安排民防教育（包括交通安全常识、防火常识、紧急呼救常识等内容）、健康教育（包括心理健康教育）、环境教育和廉洁教育内容；四年级安排民防教育（包括意外伤害的预防等内容）、民族团结教育、健康教育(包括青春期教育、心理健康教育、传染病预防常识等内容)、环境教育和廉洁教育内容;五年级安排国防教育、法制教育、毒品预防教育、廉洁教育、健康教育(包括青春期教育和心理健康教育)和环境教育内容。一至五年级每学期健康教育的课时不少于6课时。

专题教育作为拓展型课程的内容,一般安排在拓展型课程的课时内进行,部分专题教育的内容也可安排在晨会中进行。

3. 开发隐形课程

学校对隐形课程的开发每学期都纳入学校的工作计划,逐步在隐形课程中强化育人环境。学校坚持每学期的主题教育月活动。例如,每年上半年的月教育主题有:学安全,争做安全少年;树新风,争做绿色少年;赛才艺,争做艺术少年;讲方法,争做勤学少年。特别是教室布置及板报等都纳入每月教育主题中。我们将思想道德教育、心理健康教育、环境教育和美育渗透到各项教育教学活动中,形成了生动活泼、和谐共处、开拓进取的教育氛围。

4. 扎实、丰富的活动课程

活动课程是梅东路小学的传统课程,特别是在音乐、体育、美术等项目上形成特色。

(1) 安全教育每月至少一次

学校特别重视公共安全教育,各年级每天安排10分钟晨会,每周安排1课时班队活动。要充分利用每学年2周的机动时间,安排传统活动、文化节、运动会及各类专题教育活动。每学年必须保证充分利用班会、晨会等多种形式,每月至少进行一次公共安全教育。重视社会实践(必修课)的开设,每学年1至3天集中社会实践时间,分年级有计划、有组织地安排学生到德育基地、社会实践基地、军训基地或其他适宜的场所进行劳动、参观、训练等社会实践活动。

(2) 身体心理都得到健康发展

学校从有利于青少年身心健康发展出发，科学安排课程，在保证开齐课程（包括国家课程、地方课程和学校课程）、开足课时的同时，加强学生的思想品德教育。落实好体育与健康、音乐、美术等学科课程，开设好综合实践活动课程，同时组织开展文化娱乐等课外活动，使每一位学生在德智体美诸方面都得到发展。

5. 严格按课程计划的规定，合理安排学生在校学习时间，保证学生在校集中学习时间不超过 6 小时，为了减轻学生过重的作业负担；严格控制一、二年级布置书面家庭作业；三至六年级课外作业控制在 1 小时之内。

6. 全面实行大课间体育活动。每天上午第二节课后统一安排 40 分钟的大课间体育活动，认真组织学生做好广播体操、开展集体体育活动。合理调配师资，上好体育活动课。每个班配备一名辅导员，负责抓好学生体育锻炼活动。加强学校体育设施建设，确保体育活动安全有效开展。我校充分利用自身场地和设施。配备了乒乓球台、篮球架、羽毛球拍……并保证器材的安全性。

7. 在落实课程计划的同时，切实抓好教学常规管理工作。

（1）要求每位教师认真做好所任学科的教学计划，按科目备课，按课表上课，确保教学任务，每位教师认真备课，上课，在不增加学生负担的同时，适当合理布置作业并认真批改，对学习有困难的学生坚持耐心辅导。

（2）学校在抓好教学工作的同时，认真抓好教研工作。开学时学校制定了教研活动工作计划，并认真执行。坚持教师每周三下午两节课后进行集体备课活动，教师从而达到互相学习，共同提高的目的。

（3）坚持教师考勤制度，坚持教师坐班制度、签到上下班制度，按时作息，坚持请假、批假制度，做到不随意请假，不随意调课。

（4）考评组对教师考评做到客观、公平、公正、公开，做到和谐治校、和谐教育。

优化课堂结构

苏联教育家马赫穆托夫认为：课堂结构应作为一种知识和理论来被人们运用。而在实际社会中，人们往往认为"教无定法"而忽视了课堂结构是有"法"可依的，所以很多教师并没有真正建立起科学的课堂教学结构体系，对课堂缺乏通盘的考虑，课堂教学的随意性很大，导致课堂结构松散，教学指标不能落到实处；在学习研究优秀教师的教学经验时，也往往偏重于他们的教学艺术而忽视了对他们的教学模式的研究，因而不能从整体上把握优秀教师教学经验的科学内涵，只重视局部的、形式上的学习模仿；一部分教师的盲目蛮干现象屡见不鲜，影响了教育教学整体效益的提高。事实告诉我们，只有重视课堂教学结构的研究，才能充分揭示课堂教学的一般程序、课堂教学各因素的内在联系和课堂教学的普遍规律；只有优化课堂教学结构，才能实现依靠普通教师教好普通学生的愿望，达到大面积提高教学质量的目的。

首先，一堂课的效果如何，取决于课堂结构是否合理。

系统论告诉我们，整体大于孤立部分的总和，总体功能不是各个要素的简单相加，而是一种新的特定的功能。因此，我们在研究课堂教学的时候，不能只重视局部的优化，而应当着眼于整体的优化，从整体目标出发，研究课程的各个组成部分的相互联系、相互结合和相互制约的规律，使课的各个要素相互协调，相得益彰。而形成这样一个"整体"的关键便是结构。事实上，大部分教师在教学上有自己的个性或优势：或知识渊博，旁征博引；或擅长表达，口若悬河；或教风严谨，精雕细刻；或精于启发，循循善诱；或工于点拨，画龙点睛……但这些都是"局部"的优势，要想上出高效率的课，必须依靠课堂结构的整体优化，许多优秀教师的课总是结构合理、目标明确、重点突出、衔接自然，使课堂教学进入理想境界。我们若细细品味一下这些课，就不难发现，他们的课除了具有鲜明的个性之外，还有一个共同的特点就是有"模式"，即遵循教学目标和规律的要求，包括教学原则、形式、方法等在内的一种教学结构格式。他们成功的关键在于课堂结构的合理和教学艺术的精湛。

其次，优化课堂结构是培养全面发展新人的重要条件。

苏霍姆林斯基认为："只有当教学处于合理的课堂结构之中，才能为学生的全面发展提供条件。"我们常常看到这样一些情况，有些教师一味强调"发挥讲的优势"，在课堂上滔滔不绝，学生处于被动、消极、受压抑的境地，在这种单调沉闷的课堂结构的禁锢之下，不要很多时间，一个生气勃勃的班级就会变得死气沉沉，学生的智能得不到充分的发展；有些老师则不然，他们认真备课，精心设计教案，注重课堂结构的优化，引导得法，点拨有方，大大调动了学生的学习积极性，甚至原来死气沉沉的班级在这合理的课堂结构中也变得生气勃勃，学生的智能也在"活"的教学环境中得到发展。

再次，抓住了课堂教学结构的优化，也就抓住了教学改革的"牛鼻子"。改革的目的是为了"自我完善"，优化课堂教学结构本身就是一项重大的改革，同时，它必然会带动其他方面的改革。因为，整体的课堂教学结构是空间结构和时间结构的统一。它不是线型的而是立体的；不是单一的而是内涵极其丰富、涉及许多教育因素的复杂结构。任何课堂结构都可以把教育思想、教学原则、教学方法、教学手段以及教师、学生、社会环境系统组装起来，形成一个综合体。课堂结构的优化必须以先进的教育思想、科学的教学原则、正确的教学方法为前提的。因此，优化课堂结构必然会推动教育思想、教学方法、教学手段等各个教学因素的变革。

由此可见，优化教学结构，是提高课堂教学效益的需要，是革除陈腐的教育观念、深化教育教学改革的需要，也是培养适应社会主义现代化建设全面发展的新人的需要。只有建立合理的课堂结构，才能充分调动学生的学习积极性，使课堂变得生气勃勃，学生的智能才能得到全面的发展，大面积提高教学质量的愿望才得以实现。那么，优化课堂结构的具体内容包括哪些呢？

一、教学目标的优化

教学目标，是教学活动所要达到的标准，是教学工作的出发点和归宿。优化教学目标，应抓住准确和适当两个方面。准确，是指要严格贯彻执行新课标和考纲，新课标和考纲是"指挥棒"。怎么要求，我们就怎么做，不能凭经验，凭感觉，随意违背。适当，是指教学目标的确定要从实际出发，充分考虑到教材的特点和学生的实际水平，能体现的要尽量纳入目标要求，不能体现的不要牵强附会、生拉硬塞。

二、教学方法和教学手段的优化

为了实现教学目标，必须采取恰当的教学方法和教学手段。方法得当，事半功倍；手段合理，教学内容就容易被学生接受，教学效果就得到了保证。采用合理有效的教学方法和教学手段，首先要从教学内容的难易度来考虑。其二，要根据教学材料的特点来考虑，否则就违背了新课标的要求，也不符合新教材的特点。例如在上课时采取"创设情境"的方法，通过简笔画、投影片、自制道具、鼓励学生表演等方法尽量为学生创造具体的情境，让学生处于特定的情境中思考，从而达到熟练掌握和运用知识的目的。学生每次都反应热烈，发言积极踊跃，课堂气氛轻松、活泼，收效良好。其三，选择教法要灵活多样，实用有效。教无定法，每种教法既有长处也有短处，都有自己的特点和运用范围。有的教法，对于某些课型来说可以运用，而对另一种课型来说则可能无效；有的课可以运用一种方法，有的课可以综合运用几种方法。总之，要根据教材、学生的特点随机应变，不能照搬别人的做法。

三、课堂教学的优化

课堂教学是培养和发展学生的主要渠道，所以重视课堂教学过程的优化是重中之重。安阳市人民大道小学原校长姚文俊提出的"主体性发展教育"理论为我们优化课堂教学指明了方向，即我们的课堂应该体现出以下几点：发展的观点、主体性观点、活动与实践的观点等。殷都区正在推行的主体多元高效课堂改革就是基于这一理念开展的，它提倡教师在课堂教学过程中应充分尊重学生的个性特点，从导学案的设计，到学生的小组合作，探究学习，充分展示等，无一不体现了学生的自主性、主动性和创造性。事实证明，这种优化的课堂教学模式是符合时代发展特征的，也是值得我们去深入探究和推行的。

富有特色的学科教学研究

实验前期教学探索

从 2006 年开始,学校结合主体多元教育思想,结合新课程理念,在进行过问卷调查、归纳总结、汇总研究之后,初步进行了各学科教学研究的探索。

一、语文情趣教学模式

语文学科以激发学生情趣为基础,让每个学生主动积极参与,为每个学生提供创造的机会,使每个学生获得成功体验。为了实现课题预期目标,为教学特色建设提供教育资源保障和有力的支撑,我们积极地在各个教学环节中落实有效的课堂教学,构建了以"学生乐学、会学"为特征的"导入激趣→自主激学→深入激情→迁移激创"的小学生主体多元发展课堂教学模式框架。

1. 导入激趣

借助信息技术等手段创设情境,在课堂教学中,把图、文、声、像有机组合,使抽象的内涵转化成情境交融、图文并茂的形式,调动学生的视觉、听觉、感知、理解，营造一个教学的互动新空间，如临其境、如见其人、如闻其声、如见其形……例如：黄晓娟老师执教的《山雨》，教师绘声绘色地朗读，配以空灵的音乐，学生真的有如进入山中那一片水淋淋的绿中；又如张伟利老师执教的《画杨桃》一课，教师出示一个真正的杨桃，就可以化抽象的语言文字为形象的直观感知，大大提高学生对课文的理解和掌握。以这些真切生动的情境既可以启动学生的学习潜能，活跃他们的思维，同时还可以培养提升个人的情操，养成真善美的体验，造就独立的人格。这无疑是有极大的促进作用的。

2. 自主激学

课堂的主体是学生。"小学生主体多元发展"课堂上，学生自主提问，学生自己思考、讨论。得出结论并自由地表述自己的思想观点，把"发现问题—提出问题—解决问题"的权利还给学生，学生成了自己学习的真正主人。我们语文教学大力提倡一个口号："像教授一样认真阅读，像作家一样创新写作，像书法家一样端正书写，像工程师一样灵活运用……"，加强自主独立性的培养，增添学习的成功感。

3. 深入激情

教师的情感对于儿童来说，是导体，是火种。教师要善于将自己对教材的感受及情感体验传递，感染学生，以自己真挚的情感激起儿童的情感。例如课文《一个中国孩子的呼声》介绍的是现代战争对人们的影响。战争对于我们来说离得较远，对于孩子们更是陌生，不好理解。在出示一张张生动的图片后，朱秀敏老师声情并茂的介绍，仿佛把孩子们带到了战火纷飞的伊朗、阿富汗，到处是残垣断壁、妻离子散，强烈地冲击着孩子们的心灵。孩子们发自内心地呼唤："让战争远离我们，要和平，不要战争！"使教师情、学生情、文本情三情共鸣。

4. 迁移激创

教师的教是为了不教，因此学生的迁移创造能力非常重要。例如：

学习语文，教材无非是个例子。一方面是提高阅读和口语表达能力，一方面是练习写作。教师在课堂上应注意激发学生创作欲望，做到读写结合。如教学《听听，秋的声音》，一篇篇稚嫩的诗篇从孩子们笔下诞生，既理解了诗歌的内容，又进行了迁移创作，进行了能力训练。

二、提高数学学科教学的实效性研究

1. 前期的准备工作

（1）初步建立科学的课题实验机制

姚文俊校长一直强调一句话："做课题研究要的是义务兵，绝不抓壮丁。"所以在自愿申报的基础上我们成立了学科系列数学课题组。在广泛征求课题组成员意见的基础上，制订了课题实验教师职责，确立了课题实验核心组成员。根据实验的常规工作对实验教师进行了分工，比如有的负责起草材料，有的负责打印材料，有的负责整理文字及电子档案，有的负责撰写课题活动信息，做到责任到人，避免使课题研究工作流于形式。

B. 进行了学生数学学习状况的问卷调查，并进行了细致的分析和汇总。

了解我们的教育对象是做课题研究的基础，因此我们很有必要对学生学习数学的状况进行全面了解，我们通过多次讨论和修改制定了较为科学的调查问卷，为了让学生在真实自然的状态下答卷，我们还换班进行了问卷调查，每个实验教师都从调查目的、调查结果、结果分析等多方面对问卷进行了细致的分析，撰写了调查报告。同时课题组核心成员还对全校的问卷进行了综合分析，以了解学生的整体情况，正因为有了我们前期细致的准备工作，为我们的课题实验工作提供了更科学的第一手资料。

2. 提高教师的备课质量

要提高课堂教学的实效性，首先需要提高教师驾驭课堂的能力，需要教师在系统掌握教材的基础上有精湛的教学艺术。新课改的实施，教师不断地参加各种培训，更新了自己的教学理念和教学方法，但仅有这些是不够的，教师更需要一些具体的指导。因此我们首先做的一项工作就是利用课题组活动时间进行系统的教材分析，让每个数学教师把12册教材认真地"研读"一遍，按照数与代数、空间与图形、统计与概率、综合运用四个知识领域进行纵向分析。这是一种全新的教材分析模式，通过学习教师对每个知识点有了较为系统的把握，明白这个知识点在整个知识体系中承前启后的作用，这样老师在教学的时候制定的目标比较科学，教学效果得到明显提高。同时学校还实施名师工程，让骨干教师和年轻教师结成帮扶对子，促进年轻教师的快速成长。开展扎实高效的课题组活动，丰富教师学习的形式和内容，提高课题研究的能力。

3. 初步探索教学有效性标准

有效性是评价教师教学的一个重要标准，什么样的教学才是有效、高效的呢？通过课题研究活动，互相听课、评课、反思、讨论和多次论证，我们认为：有效的课堂教学，首先教学目标和教学任务是科学的、恰当的。教学目标的科学性和恰当性重在了解学生，知道学生在学习内容方面已有了什么基础，还缺少什么，设置适应多数学生实际需求的目标，让不同的学生都有收获。第二，教学过程应该是有序的、健康的、主体参与的。第三，教学活动应为学生创建一种民主、宽松、和谐、进取的学习氛围。第四，教学效果较高。即看问题的解决程度，看学习投入与产出比，看学生是否通过学习，掌握了一定的技能和方法，达到可持续学习的状态。第五，看教学的创造性增值。看通过学习，是否为学生的创造性准备了土壤。

4. 提高教师的文化素养，增强教学的趣味性

通过问卷调查了解到学生希望数学课堂能更有趣。不可否认数学和其他学科相比更容易让学生产生枯燥感，这需要用数学文化本身的魅力

和教师的教学艺术去吸引学生。教师不能仅仅只了解教材上的知识，而应该有大数学的观念，也就是要求教师有扎实的数学素养和更广泛的数学文化底蕴，因此我们编撰了和教材紧密结合又符合学生实际情况的《数学思维训练校本教材》。在这套教材中，低年级收集了许多孩子喜闻乐见的数学小游戏、小活动（如速算24、抢30）和数学小故事等，高年级收集了部分经典数学思维题（如鸡兔同笼问题、盈亏问题、高斯求和等）以及数学文化方面的知识（如：杨辉三角、圆周率、勾股定理、哥德巴赫猜想等），通过这一阶段的使用，发现学生的数学学习兴趣明显提高，课堂参与率有了较大提高。许多孩子还能结合学习数学的情况写数学日记、办数学小报等，用孩子的眼光来看数学，真正体现了数学知识的博大精深。

三、英语科学教学研究

有人说：同一个戏，同一个角色，不同的演员去演，效果有天壤之别。同样，能巧妙解读、运用教材，有了合适的教学模式，还不能保证教学成功，其原因在于教学的方法。方法得当，事半功倍。几年来，我们不断努力学习新的理论知识，不断探索、研究，总结出一些方法，使我们的教学轻松又愉快。

1. 课前组织教学

让成绩优秀的学生轮流当科代表，在课前5分钟里组织全班学生复习上一堂课所学的词汇和课文。这样有助于学生复习旧知。

2. 儿歌与歌曲教学

给英语儿歌、歌曲、难点词汇或者句型编上动作，让学生唱、跳、做、玩，既激发了兴趣又降低了学习难度，学生学得快又记得牢。例如，在教学颜色一课时，让学生模仿时装模特秀，边唱颜色歌边表演，学生很快就掌握了颜色词汇。

3. 词汇教学

运用词根、近义词反义词等教学，学生的词汇学习更轻松、牢固。例如，教学 nice，先让学生回忆 ice 这个旧词的读音，再在它前面加个字母 n，让学生拼读，这样，学生不但复习了旧知识，还知道了新知的由来。

4. 角色表演

为了加强学生的语言表达能力和思维能力，每个模块学习完毕，让学生进行课文角色表演，高段叫做模块汇报或写作。这种由学生组织进行的英语表演能激励所有的学生投入到英语学习的活动中，既激趣又达到复习旧知的目的。

5. 课文教学法

指导学生自主阅读、翻译课文，让学生自己提出问题、困惑，互相答疑、解惑，培养了学生的英语自主学习能力和英语思维能力。

四、艺术教学模式

小学音乐欣赏课是音乐教学中比较薄弱的环节，以往教学中一般是"听—说—听—说"的形式，教师讲的过于繁琐，学生缺乏情感的体验，限制了学生对音乐的表现力与创造力。

以音乐欣赏课《在钟表店里》为例，谈谈教学模式实施后，学生对音乐作品的理解及产生的效果。

1. 感知与体验

教学中从感性、体验入手，通过丰富多变的教学方法和听觉、视觉等多方面参与体验感受，可以让学生用身体动作感受音乐，也可以用语言描述自己的切身体验，例如：本课刚开始的时候在主题音乐的背景中做律动，为学生营造轻松愉快的音乐气氛，更重要的是让学生初步感受音乐的节奏感，在律动时和节奏搭配动作，为后面的节奏学习作好铺垫。

2. 创造与表现

进入本课的重要新授课内容，首先听完全曲后，请学生发表自己的看法。让学生说出不同钟表所发出的各种不同的声音，配以相应的节奏型和适当的象声词，使学生对音乐有了更深的理解。在复听全曲的时候，将节奏的长、短等不同做出动作，让学生模仿，引发学生参与的兴趣。出示音乐图谱，将音乐的结构、节奏图谱化，既形象，又直观、易懂。使学生带着好奇心进行学习，学习的效果会更好。

3. 拓展与延伸

学生对音乐主题有了深刻的印象，并能够哼唱，教师根据图谱，将五种小乐器参与到各种节奏中，在这个环节中让学生进行打击乐器的演奏、表演，激发学生学习音乐的兴趣，培养学生对音乐的理解、表达、创造能力。最后学生在本课的音乐声中结束。

主体多元"双向五环"高效课堂

从 2009 年开始，殷都区在将课题实验由点到线再到面向全区推进过程中，借鉴中国教师报名校共同体的经验，根据首席教育总顾问姚文俊构建的"双向五环"高效课堂模式，开展了固模过关、优质课、示范课、精品课的教学节活动。学校教师积极投身主体多元高效课堂改革，固模过关率达 100%，王桂玲、朱秀敏、张伟利、徐玉芬、李洁 5 位教师入围优质课，魏淑芳老师入围示范课。2010 年 12 月学校承办"区主体多元高效课堂背景下小学语文导学案编制与使用"观摩研讨活动，向全区教师展示了一节自学探究课和展示提升课，受到金耀林老师及教科培中心所有老师的好评。

语文学科特色研究的课型解读：自学探究课、展示提升课、单元复习提升课。

1. 自学探究课

目标：以文为本，培养学生自学语文的能力；以读为法，把学生领入文学探究的殿堂。

学法：四步读书法

读书是语文学习的最好办法。俗称书读百遍，其义自见。因此教会孩子读书学习之法是语文教师义不容辞的责任。自学探究课遵循这一理念，推行四步读书法，倡导以读为法，培养学生自学、善思、悟读的能力，彰显语文学科特色。四步读书法，它引导学生走进文本，细读文本，深入地学习文本，使学生通过多种形式的读，与文本、与作者、与自己的已有经验产生对话，从而建构新的知识经验，把学生领进了文学的殿堂。

四步读书法是：初读知大意（扫除字词障碍，整体感知文章大意）；再读知章法（理清文章脉络）；三读细品味（细读文本，走进情感，领略语言文字之妙）；四读有提升（通览全文，建构情感知识体系）。

四步读书法的推行，让朗朗读书声回归课堂，使读书学习形式呈现多元之态，大声朗读、快速浏览、细品慢读、感情诵读。期间，学生读读、写写、批批、画画，读中有思，思中有悟，悟中再读，思悟读相结合，最后达到读悟提升。学得充分，学得扎实。四步读书法引领学生由浅入深地进行知识探究，符合学生由易到难的认知规律；对文本知识的探究学习上体现整分整知识建构体系，符合语文学习的规律。

自学探究课上学生对文本充分学习，为第二课时的展示提升课做了充分、必要的知识储备。

流程：自学＋指导＋检测。

2. 展示提升课

目标：以文章为素材，内化知识，训练学生语文能力。

以展台为舞台，多种形式，演练学生综合才艺。

展题设计：趣味性能够激发展示欲望，挑起竞争，营造紧张向上的氛围。

展示形式：多种形式，读、说、演、唱、画、诵、写，不拘一格，百花齐放。

展示要求：大胆大声大方，过渡自然，分工合作，形式新颖、脱稿、板书、有激情。

流程：

重示目标：重新出示目标，说明本节课任务及要求

小组预展：学生分小组准备，合理分工，板演，预展；教师，深入各组，及时给予方法指导，总结预展情况。

大展示：分组展示（注意通过生生互动，师生互动使知识内化提升，展示达到高潮。）

检测：依据教材学情而设的分层达标检测，少而精，小组批改。

小结：课堂情况总评。展示中的生成创新，学困生进步表现，课堂常规情况等等。

学案整理：完成自我评价，完成学案整理。

课时安排：1课时。

3. 单元复习提升课

目标：以单元为主题，整合梳理分类，复习巩固提升。

以学生为主体，自主合作交流，培养自学能力。

复习内容、方法：自主整理单元复习提纲，编制单元试卷。首先根据单元学习要求以及课文的重点、难点，通过学生自主学习，用整合、梳理、分类的方法，按照"知识树和结构图、字词、句段、仿写点"等内容整理出单元复习提纲。在此基础上由学生自主编制出单元试卷。

课堂流程：

（1）自主整理单元复习提纲。

（2）小组合作交流完善提纲、小组合作编制试卷。

（3）小组展示单元复习提纲及试卷编制的意图。

(4) 小组顶针检测、出题组批改试卷并与对子组分析试卷。

学案整理：将单元复习提纲装订成册，整理保管学案。

课时安排：4课时。

数学特色研究的课型解读——"新知探究课"

课型板块内容解读：

新知探究课分为温故知新（导入新课）、自主探究、尝试练习和达标检测四个板块。

板块内容操作解读：

1. 温故知新（导入新课）

本环节的内容设计可以是与新知联系紧密的旧知，利用正迁移的规律，引导学生进入新课的学习；也可以是围绕新知创设情境，让一节课在有趣、宽松、悬疑的气氛中开始学习。

这个环节的目的是激发学生的学习兴趣，让学生自主地投入到学习状态中。时间一般不超过5分钟。

2. 自主探究

这个环节的内容主要是课本上的例题。一般采取教师引领学生自主学习的方式，也就是说教师根据例题提出一些问题或给予一些提示，帮助学生理解题意。

本环节的目的是培养学生自主学习的意识，形成自学的方法。

例如自学时要保持安静，自主阅读数学书不单单是把例题中的空白填完整，更重要的是要注意"小精灵"、老师、同学的话，这些话有的提示给学生方法，有的会提出问题帮助思考，有的是对知识的概括等。另外看数学书要边读边想，多问几个为什么。

这个环节的时间一般不超过25分钟。分为两部分：第一部分自学最少5分钟，要根据例题的难易程度灵活掌握；第二部分组内交流10分钟，组内解疑，并进行预展；第三部分班内交流展示10分钟，质疑问答。

本环节的目的是培养学生的合作能力、语言表达能力，体会到成功的乐趣，充分体现学生的主体地位，是一节课中最重要的一个环节。所以教师在这一个环节一定要注意评价，特别是一些激励性的评价，让学生爱上数学课，喜爱数学这个学科。更要注意点拨，让学生在知识层面上也学有所获。

3. 尝试练习

这个环节的内容一般是导学案上的习题，是对例题的巩固。

本环节的目的是巩固新知，了解学生对新知的理解情况，了解学情。此环节也可以与自主探究合二为一。

这个环节的时间大约 3 分钟。在这一环节，教师要多关注学困生，让学困生也能体会到成功的喜悦，激发学习数学的兴趣。

4. 达标检测

作为新授课的检测内容，不要过多，也不能太难，要激发学生的学习动力，必须让学生感觉到自己是强大的，是聪明的，新授课的检测题太难，容易让学生产生畏难情绪，产生自卑感。因此，适度的检测题可以让学生感到自己的成功，充满自信，达到个性的飞扬，爱上数学，产生不可遏制的学习动力。

本环节的时间 5 分钟。

梅东路小学"双向五环"高效课堂评课标准

评课原则：以主体多元为"魂"，以学生的发展为"本"，以"双向五环"为基本内容。把促进学生的主体多元发展渗透在"双向五环"教学之中，课型规范，目标清晰。

（1）自学探究课评课标准（共 10 分）

导入（1分）：在课堂教学中，把图、文、声、像有机组合，使抽象的内涵转化成情境交融、图文并茂的形式，调动学生学习积极性。

目标（1分）：目标清晰，可操作性强，可测性强。

自学（3分）：导学案能把学生所要掌握的知识和能力以问题的形式由易到难分层设计，能清楚地展现学生学习的"路线"；学生能按照导学案要求，以良好的状态进行自主、有效地学习；预习有内容、有方法、不走过场。教师要引导学生明确学习目标，明白预习要求，指导预习方法。

合作探究（4分）：注重小组建设、小组有分工、有评价，会对学、群学；能围绕预习中出现的问题，在组长的带领下进行有效地学习；教师密切关注、适时参与。

检测（1分）：必须有当堂测评环节；以多种方式跟进、监测、反馈、检测学习成果。

（2）展示提升课评课标准（共10分）

导入（1分）：能激发学生以最佳状态进入预展环节。

重示目标（1分）：重新出示目标，说明本节课任务及要求。

小组预展：（2分）分工合理，参与率高；教师深入各组，及时给予方法指导，总结预展情况。

大展示：（3分）分组展示，形式新颖，注意通过生生互动，师生互动使知识内化提升，展示达到高潮。

检测：（1分）依据教材学情而设的分层达标检测，少而精，批改形式可多样。

小结（1分）：课堂情况总评。展示中的生成创新，学困生进步表现，课堂常规情况等等。

学案整理（1分）：完成自我评价，体现双色笔的运用。

构建主体多元评价体系

——梅东路小学主体多元发展性评价体系纵览

主体多元教育思想兼收中西方教育之精华，旨在承认和开掘学生的主体性，承认和促进学生多元发展，是当代最具价值的教育思想。主体多元教育不仅是一套科学的教育理论，其巨大价值还表现在其具有很强的现实操作性。我们知道，再好的理论如果不能很好地和实践嫁接，或者本身就不具备和实践嫁接的特性，那将是一种无用的东西。梅东路小学在进行主体多元教育实践的过程中，借力殷都区整体教育改革的力量，在课堂模式调整、课程设置调整和学生评价调整等诸多方面均实现了新的突破，形成了学生主体多元发展性评价体系，取得了良好的教育效果和促进学生发展效果。

关于主体多元发展性评价体系

主体多元发展性评价体系是在主体多元教育思想指导下，承认学生的主体地位和智力多元特点，以促进学生多元发展为功能，以考试、考核、考评相结合的评价体系为手段，充分关注学生的学习过程的一种评价体系。其特点是，促进发展、关注全体、重视结果也重视过程。

主体多元发展性评价的意义

我们以往的评价，旨在对学生的学业进行甄别，进而对学生进行排名贴上标签。在这种评价体系中，大部分学生总是在强大的压力中学习，总是尝试着失败的滋味。这种评价不利于学生的发展，更不利于学生的全面多元发展。

我们应该突出评价的诊断功能，让评价激励学生的学业不断取得进步，进而促进学生的发展。这种评价体系，由于关注学生的发展长项，关注学生的发展过程，学生在评价中尝试的是成功的喜悦。学生对学习的体验在发展性评价体系中是快乐的，快乐的学习体验，才能带来学生的学习主体性的开掘，学生的学习主动性、能动性、创造性才能成为可能，学生的学习才会不断进步，实现持续的发展。

构建主体多元发展性评价体系

学校在研制和实施主体多元评价体系的过程中，充分发挥教育者的主体地位，思想引领、学习讨论、征求意见、研究确定、不断修正，最终形成了行之有效的评价体系。

第一，我们确立了正确的指导思想。

经过认真学习有关主体教育理论和多元智能的教育价值论，经过教师的广泛参与的大讨论，我们形成了"以科学发展观为指导，以促进学生发展为根本，不断改革和完善学生评价机制，着力构建符合主体多元教育思想，有利于促进学生充分、全面、终身发展和有差异地发展的学生评价体系。充分发挥教育评价的导向、激励等促进发展的功能，全面落实素质教育的培养目标，促使全体学生在其已有发展水平上有所发展，在其可能发展的范围内充分发展"的指导思想。

在这个思想的指导和支配下，我们对考试、考核、考评工作进行了研究和实践，取得了显著的成绩。

第二，我们在学生主体多元发展性评价的实践中坚持六大原则。

1. 全面性原则。面向全体学生，促进每一个学生的发展，全面贯彻党的教育方针,从德、智、体、美等方面综合评价学生的发展,培养学生高尚的道德品质和良好的公民素养,终身学习的愿望以及健壮的体魄、良好的心理素质和健康的审美情趣,实现评价内容的多元化。以各学科课程标准为依据制定的学科具体评价目标,体现"知识与技能、过程与方法、情感态度与价值观"三个维度的整合,全面落实各项评价内容,促进学生素质的全面和谐发展。

2. 发展性原则。发展是学生评价改革的核心,通过评价的功能、内容、方式方法、主体参与等方面的改革,突显评价的激励、反馈、调整和改进功能。坚持用发展的眼光看待学生,既要看到学生现有的发展水平,更要发现潜在的发展可能性;既要重视结果,更要重视发展和变化的过程。要激发学生主体自我发展的意识,让所有学生在自己原有的基础上都能得到发展。要实现评价主体的多元化,自评与他评相结合,加强评价双方沟通互动,建立积极、友好、平等和民主的评价关系,促进学生的自我教育和自我发展。

3. 多元性原则。评价标准要尊重差异,既要面向全体学生提出统一要求,又要关注学生的个体差异,提出个性要求,实行分层次评价。评价方法要灵活多样,量化评价和质性评价相结合;过程性评价和终结性评价相结合;纸笔测验和其他多种方式相结合;动态评价和静态评价相结合;他评和自评相结合。评价主体要体现多元,使评价成为学校、教师、学生和家长共同参与的交互活动。

4. 导向性原则。中小学学生评价改革的根本目的是全面实施素质教育,促进学生的全面发展。评价改革要充分体现新课程理念,突出以人为本,面向全体学生,体现基础性和发展性,有利于学生了解自己,发现发展潜能,建立自信,转变学习方式,实现可持续发展;有利于教师转变观念和教育教学行为,提高教学实践能力和水平;有利于学校改进教育教学工作,提高教育质量。

5. 有效性原则。根据评价内容，采取多种有效手段全方位了解学生发展情况，实现评价方式方法的多样化，做到量化评价和质性评价相结合，形成性评价和终结性评价相结合，纸笔测验和其他多种方式相结合，从不同的侧面了解学生。

6. 可行性原则。根据本地、本校、本班的实际，制订具体的评价实施方案，具体实施方法力求灵活简便易行，避免繁琐和形式化。

第三，研制和实施科学的学生学业评价办法。

根据评价的指导思想和基本原则，结合学科特点我们制定了学生学业评价的学科范围。包括语文学科、数学学科、英语学科、科学学科、品德学科、音乐学科、美术学科、体育学科等八个大学科。对综合实践、劳动、健康等不作具体评价规定。

各学科根据不同的学科特点，制订具体的评价内容，语文学科：期末检测＋写字、朗诵、课外阅读、积累、口语交际；数学学科：期末检测＋思维训练、口算；英语：期末检测＋朗诵课文、表演（歌曲、讲故事）；科学：期末检测＋自主学习小课题成果（小论文、调查报告、小制作、小发明、创造想象画）；品德：期末检测＋品德行为；音乐：表演必唱歌曲＋表演选唱歌曲；美术：手工或绘画；体育：规定项目＋自选项目。

评价基本形式是考试＋考核，成绩呈现形式是分数＋星级。

检测项目以试卷考试形式进行，全校统一命卷、统一考试、统一阅卷、统一登记成绩，试卷紧扣课标和教材，相对降低难度，提高及格标准。统计各班及格率，制订及格率评价标准，以及格率评价教师。考核项目以期末个人考核形式进行，利用期末复习时间，由任课教师按照考核细则对学生进行逐一考核。考核细则学校宏观确立，教师具体修订。考核结果采取五星制，项目与星级转换及评价标准由任课教师自主确定，考核的实施、成绩的登记、考核的具体时间由任课教师确定，但必须按照学校要求按时上交成绩。对考核项目，学校要进行抽样检测。

第四，研制和实施学生活动类和特长发展类评价。

除学科学习之外，学生需要有丰富的校园文化生活来调剂紧张的学习和发展自己的特长，实现学有特长的目标。学生的校园文化生活以各种竞赛、比赛类活动进行体现。学生的特长发展以特长项目等级认定来体现。

我们设置了朗读比赛、写字比赛、作文竞赛、口算比赛、数学竞赛、英语短剧比赛、跳绳比赛、唱歌比赛等近30种校园活动。每项活动都安排有负责部门、活动实施方案、表彰奖励等保障措施，使活动能够落到实处。

为了促进学生的特长发展，我们制订了特长发展促进办法。采取特长项目等级认定证书制度，一学年一次，第一学期申报特长项目，第二学期评价，颁发特长发展项目认定书。

第五，研制和实施高效课堂表现评价。

在充分分析高效课堂的特征和需要评价保障的内容后，我们制订了高效课堂评价办法。每节课评价出冠军学习小组，每周评价出周班级冠军学习小组，每学期评价出学期班级冠军学习小组。利用每周升旗仪式表彰各班周冠军学习小组，每学期由学校对各班冠军学习小组进行表彰。

在对小组评价的基础上，产生优秀班级。结合学校少先队对班级的管理评价结果，汇总成月度优秀班级，优秀班级的班旗与国旗一块升挂于校园内。

第六，发展性评价的真正激励作用在于表彰。

我们根据评价得出的结果，分类别对学生进行表彰激励。

对学业评价合格的学生，我们在期末发给学业合格奖状和成绩满百分奖状，对于活动中的获奖学生我们发给单项活动奖状。在这些奖项的基础上，我们制定了系列单科奖，如写字之星、艺术之星、运动之星等，这些奖状的发奖数量较多，基本达到每个学生都能获奖的状况。对于整体素质发展好的学生，每个学期期末，我们评价出10%左右的比例，发给学校级三好学生奖状。

经过近三年的实践，我们发现我们的评价体系有效促进了学生的学习成绩，提高了学生学习的快乐体验。但是，由于受理论知识宽度和广度的制约，我们的评价体系也还存在一些不足，比如一些评价的命名略显生涩等。随着主体多元教育的进一步深化，我们一定会去伪存真，将评价工作做得更好。

梅东路小学高效课堂师生自主管理办法

教师自主管理

〔指导思想〕

目前,主体多元教育改革已进入攻坚阶段,本着"巩固、深化、求成"的工作思路,高举主体多元教育思想这面旗帜,进一步推进主体多元高效课堂建设,进一步提高课堂教学效益和我校教育教学质量,学校研究决定依照《梅东路小学高效课堂教师自主管理办法》,让各年级和各学科围绕高效课堂教学工作进行自主管理。

(一)教师自主管理学校组管理办法

〔自主管理小组〕

组长:张如伟

成员:陈 颜 黄晓娟 杨卫芳 郭林江
　　　武玉林 梁素清 杜广淑

〔自主管理办法〕

学校设立"教师自主管理学校组"对年级组工作、学科组工作进行闭合式管理。每天对全体教师进行一次巡视，通过常规管理、课堂巡查的记录对年级、学科的情况进行了解。教师自主管理学校组直接受校委会领导，负责督促年级主任、学科主任的工作情况，为学校评价学科、年级、教师提供依据。

〔自主管理内容〕

1. 登记当天晨读情况。
2. 登记当天课堂教学情况。
3. 督促值周主任、学科主任检查课堂。
4. 课堂内相关问题的发现和处理。

〔自主管理情况反馈〕

每周例会时反馈，总结本周好的做法和典型，反馈发现的问题和解决办法，安排下周的高效课堂工作重点。

（二）教师自主管理年级组的管理办法

自主管理年级组：每个年级为一个组，设立一名年级主任，负责安排年级内的教师共同督促本年级的全面工作。

年级自主管理理念：让年级组内的每位老师都能团结在一起，以主人翁的姿态更好地促进本年级的集体"搂抱发展"，在督促过程中力求本年级所有学科的课堂能够不被教师自主管理学校组扣分，并发现课堂上的闪光点，在年级组会时让大家共同学习进步。

自主管理年级组成员：每个年级一个年级主任，若干个年级值班主任。

自主管理年级组任务：通过年级组内的高效课堂的检查和每天课堂常规的检查，给本年级组的每个教师得分。

年级自主管理内容：课堂常规和高效课堂。

1. 教学常规检查。

2. 课堂教学情况。

3. 教学进度调查情况。

年级自主管理办法：本年级设立"年级值班主任"轮流督促制度，年级值班主任由全年级所有教师两人一组组成，轮流值周，负责常规检查和课堂教学检查。

〔具体管理办法〕

1. 年级常规管理的内容是本年级每个教师的各项常规，每月给本年级每个教师得分。

2. 年级课堂管理的内容是课堂教学（与学校高效课堂工作重点一致），每月给本年级每个教师得分。

值班主任把每天督促的情况在表格上进行汇总、并进行年级内公布展出。

自主管理年级组会：由年级主任组织的每周一次的年级会议，用来总结上周的经验、得失，安排下周的各项任务。

（三）教师自主管理学科组的管理办法

〔自主管理学科组成员〕

1. 分为语文、数学、英语、综合（音、体、美、健、思、科）四个学科，由学科主任负责。

语文学科主任：黄晓娟

数学学科主任：陈颜

英语、综合学科主任：杨卫芳

2. 把每个学科的所有教师分工，根据学科特点和人数分组，每组一周，称为值周学科主任。

〔自主管理内容〕

1. 集体备课情况。

（1）要求：定时间、定内容、定地点、定主备人，雷打不动。学科组成员要督促集体备课情况并做好记录。

（2）集体备课的层次

第一层次：以教研组为单位，学期初统揽教材，制订教学计划，分配主备任务。主备教师根据任务编制导学案，其他教师也要熟悉教材。

第二层次：每周集体备课时间，主备教师拿出导学案给教研组成员分析教学内容、目标、重难点、课型、环节预设、展示的形式（精英展示、差生展示、师徒展示、抽号展示）等等，教研组成员提出合理化建议，主备教师调整完善导学案，形成一份有价值的导学案。

第三层次：导学案用过后针对使用中的问题交换意见，写出教学反思。

2. 课堂教学情况。

管理内容：导学案是否有价值，同头课教师教学环节是否一致，课堂教学过程中学生的学习状态、参与度、教师点拨是否到位，学生点评是否有价值，是否存在假学习、假交流，学案错题是否及时订正等学科专业问题。（每天）

3. 作业、教学反思、测试卷批改情况等常规。（每月）

4. 阶段测验，试卷分析记录。（每月）

5. 月质量抽测试卷分析记录。（每月）

6. 其他和学科教学相关的情况。

〔自主管理形式〕

学科主任负责，教研组长和任课教师分组参与管理，每天巡课不少于四位教师，每周对学科所有教师进行一次巡视，值周学科主任做好巡课记录，写好公示板。

每周召开学科组会，针对巡视中存在的问题和亮点进行汇报交流，推广亮点，探索问题的解决办法。

每月汇总积分。

附件：

表一 梅东路小学年级值班主任安排表

2010 年 10 月

	第一组	第二组	第三组	第四组	第五组
六年级 张伟利	张伟利 王 平	刘 艳 杨 琳	朱秀敏 张 静	路江云 杜海燕	朱凌丽 付岚竹
五年级 陈 颜	王桂玲 何慧芳	宋红伟 马 欢	杨 凯 刘爱萍	徐飞飞 李书苹	张 扬 段世春
四年级 郭林江	张美霞 何 姗	张爱萍 王俊华	范俊玲 李 超	李颖颖 冯艳艳	
三年级 王 艳	段佳薇 黄梦莹	吕向梅 姚晶晶	王 艳 孟 杰	齐玉芹 张开羽	
二年级 黄晓娟	靳风清 黄 娟	李九玲 史珊维	范显菊 张 雯	魏淑芳 白欣欣	
一年级 刘建霞	郭振芳 王佳佳	刘建霞 王翠翠	赵 阳 史静华	周 芳 朱苗苗	

表二 梅东路小学学科值班主任安排表

2010 年 10 月

	第一组	第二组	第三组	第四组	第五组	第六组
语文 黄晓娟	李颖颖 吕向梅 杜海燕 白欣欣	朱秀敏 张美霞 赵 阳 黄 娟	张伟利 靳风清 段佳薇 王翠翠	王 艳 刘 艳 刘爱萍 何 姗	王桂玲 范俊玲 刘建霞 姚晶晶	宋红伟 郭振芳 马 欢
数学 陈 颜	徐飞飞 周 芳 王俊华	范显菊 张 静 李 超	王 平 张爱萍 史珊维	杨 凯 付岚竹 王佳佳 黄梦莹	李书苹 路江云 齐玉芹	
英语 综合 杨卫芳	朱凌丽 张 雯 张开羽	张 扬 何慧芳 冯艳艳	段世春 杨 琳 朱苗苗	魏淑芳 李九玲 孟 杰		

学生自主管理

为提高学生自主管理能力，增强学生集体荣誉感，在实践锻炼中让学生实现他律—自律—自主管理的主人翁意识，梅东路小学少先队出台了《小学生自主管理委员会管理制度》。

凡在校的少先队员均可报名加入"学生自主管委会",成为"学生自主管委会"的会员,协助老师负责每天的学校管理检查工作。"学生自主管委会"通过入会报名、入会竞选、入会实践等阶段,充分激发了队员自主参与学校的管理、检查工作的热情。

一、部门设置

学生自主管理委员会,设:组织部、活动部、学习部、宣传部、文体部、群工部、卫生部、纪检部。

二、各部门人员设施

(1)"学生管理委员会"候选人从各班班委中产生,通过学校统一组织,竞聘上岗。

(2)"学生管理委员会"由9—11人组成,任期为一年,每年6月底任期结束。届前由学生代表大会组织产生新一届"学生管理委员会",执行机构由学生管理委员会组织选举产生。

(3)"学生管理委员会"采用民主集中制。工作中依照学校规章制度和本方案内容独立自主开展工作。

(4)"学生管理委员会"以周为单位担任校长助理,主持管理委员会日常工作并协助校长管理学校有关事务。

(5)"学生管理委员会"在必要时可以召集学生代表会议,讨论学校的重大问题。学生代表会议代表的名额和产生办法,由学生管理委员会决定。

(6)"学生管理委员会"根据工作需要,设立适当的工作部门。如组织部、活动部、宣传部、学习部、体育部、生活部、卫生部、督察部等。各部设正、副部长一名,工作人员若干名。

三、各部门职责,各部门要各司其职,明确分工。

组织部:

1. 组织部负责少先队组织的各种资料整理归档等。

2. 负责各中队每月的少先队组织生活。

3. 组织社会实践活动。

4. 协调各部门之间的工作。

5. 负责对学校少先队活动进行监督、评议并提出建议。

活动部：

1. 负责学校各项大型组织活动。

2. 负责大型学生活动的筹备工作。

3. 负责学校学生活动成果展。

4. 负责学校的外事接待工作。

5. 负责学校少先队、德育处工作的评议、监督、建议。

宣传部：

1. 对外负责宣传学校的教育教学教改成果。

2. 学校组织的各项活动的评比。

3. 及时宣传少先队的各项活动。

4. 负责学校的黑板报橱窗、展板、广播台管理。

5. 负责学校办公室工作的评议、监督并提出合理化建议。

学习部：

1. 组织学生代表对教师课堂进行评议，并提出合理化建议。

2. 负责定期对学生导学案作业的抽查。

3. 负责学校的学习纪律常规，如：课堂纪律、自习纪律。管理学校各类红领巾社团，兴趣小组。

4. 组织、发动学校的各项学习竞赛活动，培养创新精神和实践能力，评选"学科院士"，组织大小院士结队活动。

5. 负责学校教导处工作的评议、监督并提出合理化建议。

文体部：

1. 负责学校文艺、体育方面的学生活动。如：课间操、升旗、校园文化节、体育节的活动安排等。

2. 在重大节日组织开展文体活动，如：六一儿童节、清明节等。

群工部：

1. 解决处理学生生活方面的各种问题等。如解决学生矛盾。

2. 组织"学生督学"的评选，向学校反映学生对学校、教师的意见和建议。

3. 负责家长学校联系，制定家长会活动计划和组织实施。

卫生部：

1. 不定时抽查学校各班以及包干区的卫生状况，进行评比并对优秀班级颁发卫生红旗。

2. 制订卫生检查条例，进行常规卫生管理。

纪检部：

1. 对各部工作进行检查、督导。

2. 接受学生对管委会的投诉和调查、处理。

3. 对教师教育教学行为进行监督评议。

"学生管理委员会"的基层组织为"学生班级管理委员会"，在"学生管理委员会"领导下负责本班级的自我管理和"学生管理委员会"所安排的工作。

附：

梅东路小学学生管理委员会候选人申报表

姓名		性别		所在中队	
竞选部门			竞选职务		
竞选感言及今后的工作打算					

梅东路小学制度建设

学校教学常规制度

高效课堂背景下的学校教学常规应该是关注教师的成长,激励教师的创造热情,鼓励教师进行教学创新、常规创新,实现师生的可持续发展。因此,要求学校认真做好以下工作:

1. 校长要摆正自己在教学工作的中心位置,建立以校长为首,教导主任、年级组长、学科组长等人组成的教学管理系统。教学工作的研究、决策、检查和总结,由校长统一指挥。

2. 校长要深入教学第一线,有计划地听课、评课。每周听课不少于两节,深入教研组集体备课,每周不少于一次。要到班级蹲点,加强对教学的具体指导,解决影响提高教学质量的各种问题,总结推广教师的先进教学经验,有效地领导教学工作。

3. 制订和实施教学工作计划。要按照国家颁布的课程标准的要求,结合本校的实际,制订教学计划和学校课程表,不得随意增减课时。

4. 以教研为先导,组织全体教师开展"校本教研"活动。要结合学校的实际问题,组织教师学习先进的教育思想和教学理论,研读课程标准,钻研教材,引导教师转变教学方式,改进教学方法,努力提高教学质量。

5. 切实减轻学生的课业负担。凡进入课堂的教学用书和教学辅助用书,必须经教育主管部门审定且有"准入证";坚决制止乱编乱印、乱订教学资料的现象。

6. 对各科教学要提出明确的教学质量要求。

7. 对"教师教学常规""教师教学基本功""教研组工作常规"等要提出具体要求,定期检查、评比。

8. 教导主任每周听(任)课不少于4节,深入教研组集体备课不少于两次。

9. 教导处每学期要定期检查全校教师的导学案四次,检查作业批改四次,组织学生评教活动两次,召开学生座谈会一次,听取学生对教学的意见,并反馈给有关教师。

10. 教导处要认真协助校长妥善安排学校的教学工作,掌握各学科教学进度,检查督促教师完成教学任务,指导各学科教研组制定工作计划。

11. 教导处要制定出"每月抽测"的具体措施,严格控制月抽测达标率,并督促教师做好月教学质量分析及校正补救工作,力争使全体学生都能顺利完成学习任务;还要抓好期中、期末考试后的学科教学质量分析,帮助教师提高教学水平。

12. 教导处要积极组织老师开展教研活动,针对教学实际,确定实验课题,开展教改实验,撰写教育教学论文,每年至少举行一次全校规模的"教师科研能力评估"活动。

教研组工作常规制度

教研组是教师学习教育理论、发挥集体智慧、进行集智备课、研究教材教法和提高教学水平的重要活动基地，具有教学研究职能，又具有教学管理的职能。因此，对教研组工作常规提出以下要求：

1. 教研组长是教研组的带头人。要选择思想进步、作风正派、经验丰富、有管理能力、能团结同志的教师担任，教研组的工作要在教研组长的领导下进行。

2. 教研组要在开学的第一周内制定出学科组的学期工作计划。要积极开展"高效课堂教研"活动，使广大教师在理念的碰撞与交流中达成共识，在实践与探索中找到解决问题的途径，形成浓厚的高效课堂反思与探究氛围。

3. 教研组要认真开展集智备课活动，每一周或一个教学单元进行一次，每次活动应有"活动记录"。教同一年级的教师是一个备课组，同一年级的教学，原则上要做到教学进度、基础知识、考试命题"三统一"。

4. 根据教导处的安排，教研组要认真开展教学公开课活动，做到选择主题、确定课例、收集素材、学习理论、同伴互助、集智备课、课后评议、总结提高。学校领导、教研组长、高级职称教师要带头上好示范课；青年教师要主动上好汇报课。积极开展多种形式的大练教师基本功活动，促进青年教师提高业务素质。

5. 教研组长要认真管理和指导备课组长，每期至少参加两次备课组的集智备课活动，并对各年级本学科教学作出指导。

6. 教研组要在单元达标检测和期中期末考试后搞好教学质量分析，每位教师都要认真检查总结教学上的得失，不断改进教学工作。

7. 教研组长每学期至少组织两次教师互相检查执行"教师教学常

规"的情况，提高全体教师按"教学常规"办事的自觉性。

8. 教研组内的教师要互相听课，每学期不得少于 20 节。每次听课后，必须认真交换意见，切磋教学技艺，改进教学方法。

9. 教研组要在组长的领导下，积极开展教改实验活动。组长要抓好组风建设，逐步形成严谨治学、团结合作、敬业奉献、开拓创新的优良组风；组员要服从安排，遵守各项常规要求，虚心学习，努力提高自身素质。

教师教学常规

教师教学工作是一个系统工程，主要有教学计划、备课、课堂教学、作业的布置与批改、辅导、复习与考查及教学研究等环节组成，其中任何一个环节抓不好，都会影响教育教学质量的提高。因此对教师教学常规提出以下要求：

1. 制订教学计划

任课教师在开学第一周必须制定出教学计划，一式三份，一份留个人，另两份分别交教研组和教导处并存档。

（1）制订教学计划，教师要做到三个熟悉：一是要熟悉课程标准，明确教学目标；二是要熟悉教科书，明确重点、难点；三是要熟悉学生，通过各种方式了解学生的学习习惯、特点、能力等。教学计划必须与学校的工作计划保持一致。

（2）教学计划应包括以下内容：

①对学生、教材等情况的分析；

②教学的指导思想和本学期应达到的教学目标；

③教学时数和教学进度；

④提高教学质量的具体措施；

⑤后进生转化的具体措施;

⑥业务学习、教研、教改及教学活动安排。

2. 备课

认真备课是搞好教学工作的前提和基础。备课要做到以下几点:

(1) 教师应在假期中通读教材,了解和教材内容相关的网络资源,并提前备好一周课,平时也要做到周前备课、课前复备。

(2) 备课要求:

①认真学习课程标准和双向五环教学模式,掌握课程标准及模式的要求。

②深入钻研教材,阅读有关教学参考资料,明确教学目标,把握知识体系与结构。

③全面了解学生的思想状况、知识基础、学习态度和学习方法等情况。

④从实际出发,选择适当的教法学法,精心设计教学程序,认真写好导学案,要做到:

A. 学习目标明确、具体;

B. 重点突出,难点明确;

C. 方法恰当、灵活,有学法指导;

D. 环节严谨,层次清晰;

E. 注明所用教具,注意运用现代化教学手段;

F. 书写工整,格式规范。

(3) 不抄袭、生搬硬套他人的导学案和课件。

(4) 课后要写出"教学反思",以备以后教学借鉴。

(5) 在个人认真备课的基础上参加集智备课,互相启发,取长补短,做到教学计划、内容、要求、进度"四统一"。

3. 课堂教学

课堂教学是教学工作的中心环节，提高课堂教学水平是提高教学质量的关键。其基本要求是：

（1）教学准备充分。教师必须准备好上课需用的各种教学用具，于上课铃响前 3 分钟在教室门口候课；上课铃响后，进入教室组织学生"起立"上课；教师进入课堂后一般不允许中途退出，不允许在上课中途让学生出班级替教师拿取所缺用品；下课铃响后，教师须及时结束授课，组织学生"起立"下课，不得拖堂。

（2）教学行为规范。教师要仪表端庄，为人师表。男教师不留长发，女教师不化浓妆、不戴大而重的首饰；不带手机进课堂，课堂上不抽烟、不与外人交谈；除特殊情况外，教师不准坐着上课或用腿搭在讲台上讲课。

（3）教学氛围和谐。教师要以人为本，积极创设民主、公平、平等的教学氛围；要鼓励学生积极思考，让学生多发言、多提问，敢于质疑、善于讨论；严禁讽刺和挖苦学生，尤其不能体罚和变相体罚学生。

（4）教学基本功扎实。教师讲课要使用普通话，讲课声音洪亮、吐字清晰，语言简练、准确、生动形象。板书设计合理，脉络清楚、重点突出，字体规范、工整，不写错别字，严禁随意乱画。

（5）教学内容正确：

①目标明确。教学目标要切合教学内容和学生实际，主要包括知识与能力、过程与方法、情感态度与价值观等内容。教学目标的制定要体现教育性、实践性、层次性和可测性。

②内容正确。教学内容必须具有科学性、思想性，寓德育于教学之中。在教学内容的处理上要做到知识系统条理，层次分明，概念清楚，突出重点，突破难点。

（6）教学方法恰当。要运用"双向五环"模式，体现学生的主体地位，充分调动学生学习的积极性和主动性，做到教与学和谐统一。面向全体学生，注意因材施教、循序渐进。把培养智力因素和非智力因素结合起来，努力发挥"教"与"学"两个方面的积极性。

（7）教学结构合理。教学要有严密的计划性，层次清楚，环环相扣，教学结构符合课型的特点，不摆花架子。

（8）教学手段先进。要充分运用仪器、实物模型、多媒体等电教设施，加强直观教学，提高课堂效率。

4. 作业的布置与批改

布置、检查和批改作业是课堂教学的继续，是学生巩固所学知识和教师反馈教学效果、改进教学的重要手段。

（1）作业布置的基本要求：

①作业要按课标、教材的要求，按教学知识能力目标要求布置，达到既能巩固知识又能培养能力的目的。

②作业量要适当，难易适宜，不同时段精选习题，注意题型设置，完成作业时间：一、二年级学生不留课外作业，三至六年级在一小时内。

③注意作业的层次性和多样性，除书面作业外，也要有实践性、活动性、探究性的作业。

（2）学生作业书写要求：

①书写工整，文字整洁，字迹规范，不能在作业本上随意涂抹，不提倡使用修正液、涂改带，作业本封皮保持干净，不卷角，独立按时完成。

②书写用笔要统一。1—2年级用铅笔，3—6年级用钢笔，避免使用圆珠笔。

（3）作业批改的基本要求：

①批改要求：

A. 教师批语要用楷书，提倡写激励性批语。

B. "√"要规范，不能出现连钩现象，在学生答题的右侧适当大小。

C. 成绩采用星级制,星级打在作业末尾处,并及时写上日期。

D. 除作文外,当天的作业要当天批改好。

②订正要求:

A. 学生订正时没特殊情况在原位订正,不要乱涂改。教师及时批改后让学生整理到纠错本上。

B. 个别后进生提倡当面订正。

(4) 作业设置及批阅要求

学科	作业设置	批阅要求	备注
语文	单元作文不少于8篇,小练笔自定	单元作文批阅6篇以上,可让学生尝试批阅1至2篇。	小练笔包括周记、日记等。
	预习案、导学案中的检测作业	教师批改与学生互改相结合	
	配套练习		
	硬笔书法:每周3页	全部批阅,择优展示	
数学	作业本、预习案、导学案中的检测作业	全批全改	
	配套练习	教师批改与学生互改相结合	
英语	作业本、预习案、导学案中的检测作业	全批全改	
	配套练习	教师批改与学生互改相结合	
其他学科	作业本、预习案、导学案中的检测作业	全批全改	
	活动、实践性作业	保留活动记录	

5. 辅导

课内、外辅导是教学工作的延续和补充,也是在因材施教、防止分化、大面积提高教学质量不可缺少的环节。

(1) 课内辅导

①课堂辅导要有计划性,集体辅导要排入教师的课程表。

②课内辅导要面向全体学生,侧重后进学生。

课前导学案的检查反馈人数至少占全班的三分之一,根据学生的反馈,课上注意对共性问题的释疑要在交流中辨析。对个案情况,进行个别方法指导。

学生进行小组交流时,教师要深入到每个小组,既要注意各个小组的有见解的、独特的思路,也要对浅层次思维的小组进行适当点拨。

尤其注意各小组中学困生的反应,注意及时收集他们的想法与困惑,因势利导,学有所成,体验学习过程的喜悦。

③要坚持个别辅导和集体辅导相结合的原则。可采用介绍补充材料、指导学生学习方法、举办讲座等形式。

(2) 课外辅导

①课外辅导要纳入教学工作计划,使辅导具有计划性和系统性,做到辅导有教案、有总结、有计划。

②辅导内容及措施

A. 对学生进行学习目的的教育,激发学生的学习兴趣。

B. 对学生进行学习方法的指导,提高学生的自学能力。

C. 根据学生的年龄特征、个性特点、掌握知识的熟练程度确定辅导内容。

D. 要有计划、有目的地组织丰富多彩的课外活动。如举办知识讲座,动手制作教具或模型,开展社团活动等,充分展示学生的特长,增强他们的才干。

E. 对后进生,要有计划、有重点地进行耐心辅导,解答他们的疑难,让他们树立信心,端正学习态度,改进学习方法,必要时可与班主任和学生家长联系,共同做好工作。

F. 教师在辅导中要注意自身形象,课外辅导学生意在提高其学习能力和水平,不得以营利为目的,并严格遵循市、区教委的各项规定,如违反规定，后果由教师个人负责。

（3）辅导纪录

学科课外辅导要执行本常规，在年级组长协调下，由教研组长指导，备课组长牵头，学科老师实施，本着抓优补差带中间的原则，促进学生整体素质的全面提高。

（4）复习与考查

复习是对所学知识系统、熟练、深化、再提高的过程；考试是检查教学效果、改进教学的重要手段。

①复习

A. 复习分随堂复习、单元复习和期末综合复习等。复习重点是巩固"双基"、提高能力，但在知识的掌握，熟练程度和能力层次上要有所不同。

B. 复习要有计划，要备好、上好复习课。要灵活运用不同的教学方法，充分利用各种教学手段，增大复习课的容量，提高复习课的效率。

C. 全学期停课复习时间不得超过一周，毕业班也不得过早结束新课。要给学生留有足够的自主复习时间。

②考查

A. 考查主要分平时测评、期末考试等形式。

B. 平时考查以作业、课堂提问、练习、小测验、作文、实验操作等为主要内容，目的在于及时掌握学生的学习情况，不断改进教学。

C. 考试仅指期末、期中的统一考试。考试的主要目的是为了检查教学效果，改进教学工作。

D. 考试命题的内容，要紧扣课程标准，依托教材，全面考查，突出重点。从学生实际出发，着重考查学生的"双基"。命题前要列出"双向细目表"，科学安排试题的难度和区分度，确保试卷要有明确的目的性和导向性。

E. 严格考试纪律，不得弄虚作假，要让考试成绩客观地反映出教学效果。

F. 试卷批阅要依据评分标准或评分意见，采用流水作业法，不得自拟评分标准或随意修改试题答案，做到给分有理、扣分有据、不错不漏、宽严适宜。

G. 考试后不得以任何方式公布考试成绩，不按考试成绩给学生排名或编排座位，并要认真写出试卷分析，肯定成绩，找出不足，制订出改进教学的措施。

6. 加强教学研究

教学研究是培养一支业务素质好、教学能力强的教师队伍的有效措施。要通过切实加强教学研究，提高教师的业务素质。

（1）教师在完成教学工作的同时，要坚持业务进修，不断进行知识更新；系统学习教育理论，阅读有关报刊和参考资料；积极参加学校和市（县、区）教研室组织的各种教研活动，以获取教改信息，改进教学方法，提高业务素质。

（2）全体教师要团结协作、尽职尽责、奋发进取、互相听课、切磋技艺、取长补短、共同提高。教师每人每学期听课不得少于 20 节，每次听课后都要写出自己的意见或评语。听课笔记一般包括下列内容：听课时间、授课班级、所教学科和题目、授课教师、课堂记实、听课意见（评价意见）等，期末检查听课记录。

（3）教师要积极参加校本教研活动，结合教学实际，进行教研课题实验；主动上好公开课、观摩课和示范课；积极参加校外的听课、参观和教学考察活动。

（4）教师学习笔记和札记。在教学工作中应时刻加强教育理论的学习与研究，教师在教学工作中还要及时发现教学中的现象和问题，在教学研究和教学实践中积极思考，大胆探究，结合学习和实践写出教学札记,每月最少两篇,每篇 300 字以上,多者不限。

(5) 教师在学期、学年结束时,必须认真写出教学工作总结。总结应包括以下内容:

①教学计划完成情况;

②学生学习情况;

③教研、教改方面的主要经验和体会或教改实验报告;

④存在的问题和改进意见;

⑤撰写教学论文情况;

⑥后进生转化情况;

⑦培优目标落实情况。

导学案编制及管理的有关规定

1. 导学案的含义

导:指导、引导学生思维;学:以学生学为根本,指导学生学;案:是一种方案,一种设计,不是知识、题目的简单堆积。导学案(含预习课、练习课)是引领学生学习的路线图。

2. 导学案编写原则

(1) 基础性。有利于学生打好基础。

(2) 拓展性。有利于激活学生的思维。

(3) 主体性。以学生发展为本,充分发挥学生的主体性。

(4) 导学性。目标明确,要求具体,操作方法明了、使用方便。

(5) 梯度性。问题设置尽量考虑到学生的认识水平和理解能力,要有层次、有梯度,使每个人都有展示的机会。

(6) 创新性。内容要创新,有利于培养学生的创新精神。

3. 导学案编写安排

学校统一组织，年级组集体备课，分工合作，资源共享。组长要制定一学期的备课计划，组织成员按照章节、单元等提前备课。具体为：

（1）主备教师备课。各年级组分配好备课任务，主备教师研读教材、参阅资料，提前两周编制好导学案。

（2）教研组集体备课。教研组成员提前一周集体审稿，围绕教材、学生、目标、过程、方法、练习等深入研讨，提出修改意见。

（3）主备教师修正。主备教师吸收组员的意见进行修改，制成正式导学案交组长审核、签字后复印。

（4）上课教师补充。上课教师要熟悉导学案，结合班级和自身实际情况适当补充。

（5）课后反思总结。教学后，教师反思教学过程，总结得失，为后续设计积累经验。

4. 导学案编写要求

（1）量的要求：参考教师教学用书上规定的数量，打印和手写均可。

（2）质的要求：目标问题化。问题不能是课本的照抄，要根据学生的认知特点、教学内容的结构特点，精心设计问题，问题应明确、坡度小。学生解决问题的过程即是完成学习的过程；问题层次化：有识记、理解、应用、拓展不同层次的问题，真正适合不同层次学生学习的需要。

（3）格式要求：学习目标—重点难点—知识链接（储备）—学习流程—小结—预习下节课（机动）。

（4）各环节要求：

①学习内容目标。要求分条列出知识目标、能力目标、情感态度价值观目标。

②重点难点。注明重点难点。

③知识（链接）储备。有利于生成新知识、新看法等的相关内容。

④学习流程。如："双向五环"模式师生双向活动。

第一,学生预习、教师导学;

第二,学生合作、教师参与;

第三,学生展示、教师激励;

第四,学生探究、教师引领;

第五,学生达标、当堂测评。

教师指导、参与学生预习、合作学习时,导学案应包括学习提示、内容梳理、问题预设等;学生展示探究时,教师要激励引领学生展示问题、方法、效果等;测评反馈时,要包括基础达标、能力提升、拓展延伸的内容。

(5)总结。

针对本课学习目标总结学习情况。

(6)预习新课。

明确预习内容、重难点、方法等。

5. 导学案的使用

导学案是学生学习的线路图,所以,教师、学生一定要做到有案上课。而且要做到有发必用,有用必收,有收必阅,有阅必评,有评必究。

(1)发下导学案后,教师指导学生明确目标,进行学法指导,点破重难点等,师生共同参与预习。

(2)上课时学生分小组根据导学案自主、合作学习。

(3)学生对问题、方法、效果等进行展示,质疑探究,修订学案。

(4)小组长收齐导学案,教师批阅。

(5)教师对导学案的批阅情况讲评,学生纠错,教师复批。

6. 导学案的管理

(1)评价学生导学案完成情况由任课教师负责检查、批阅。教师批阅导学案情况和备课情况由教导处组织检查。导学案的评价采取教导处常规检查评价、导学案公开展示评价、领导评价、学生评价、家长评价等相结合的方法。

（2）资源共享。建立导学案档案，编写导学案集。

集智备课制度

第一，先由全组教师进行个备，主备人要梳理本单元知识树、建构知识框架，形成初案。

第二，组织初次集备，先由主备人进行讲解，组内其他教师进行补充、完善，形成单元知识重难点。接着组内分工，按照单元课题分配具体教学内容。

第三，分到课题任务的教师按照本单元知识重难点，进行课题备课，形成课题初案。

第四，组织二次集备，课题主备人针对具体的课时、教学内容进行讲解，组内其他教师就教学内容、学法指导、展示环节和课堂常规进行补充、完善。

第五，课题主备人根据大家意见整理成细案。经学科组长审核，印制发放。

第六，教师拿到细案，根据各班学情、个人教学特色，用红笔批注增删内容，形成个人最终的使用案。

第七，课后反思，对导学案进行补充，形成补案。

教师培训

我校主要开展以校本培训为基础的多种培训，鼓励教师参加继续教育、学术交流、学历提高等多种培训。

1. 高效课堂培训

(1) 常规管理保障主体多元高效课堂工作的顺利开展

常规管理是主体多元教育教学工作顺利进行的基本保障。常规管理制度每学期开学前都要根据实际情况进行修订和调整，然后组织全体教师进行学习讨论。一项制度要想达到其真正的效果重在落实，因此学校的常规检查工作每月一次，安排在每月的最后一周，由教导处和教科室共同完成。参与检查的教师有中层领导，也有普通教师，检查完毕后都要在全体教师会上集中反馈，表彰先进激励后进。通过检查达到共同学习、交流、共同提高的目的。督促教师重视教学过程中的每一个环节。检查结果都计入教师个人考核档案，作为教师学期考核的重要内容。

(2) 完善高效课堂管理制度

为保障和督导主体多元高效课堂工作，学校专门制定了各项高效课堂的管理制度，包括《导学案的编写制度》《课堂教学常规制度》《教科研常规制度》《作业批改制度》《课后辅导制度》《班级文化建设制度》《全员进课堂制度》《小组建设要求》等等，这些制度全面系统，涉及高效课堂实施的方方面面，确保主体多元高效课堂工作的顺利开展。

(3) 每周教研制度

坚持每周的教研活动制度，各学科都有固定的活动时间，分别是语文、思品周三下午；数学、科学、体育周四下午；英语周二下午；艺术周三上午。教研活动实行签到制度。活动内容主要有：学习先进的教育思想和教学方法、集体备课、教材分析、讨论和修改导学案、听课评课、教学质量分析等等。每逢期末还安排制定复习计划、讨论如何上好复习课、怎样编写复习导学案等活动。活动由主抓业务的领导主持，校长参加。几年来，活动使教师们在教学能力和教学风格上取得了长足的进步。同时还编写了两本校本教材，语文《与经典同行，与圣贤为友》，数学《思维训练》。

(4) 教学开放周制度

为了落实主体多元教育思想,办人民满意的教育,加强教师、家长、学生之间的多向交流,让家长深入学校参观、听课、评课,了解学校的教育教学情况,亲身体会主体多元高效课堂的教学氛围,了解主体多元高效课堂"双向五环"教学模式,我校每学期都举办家长开放周活动。开放周展示的公开课涉及语文、英语、数学、艺术等学科,活动涉及范围广,参与人数多。每次参与听课的领导和家长都有几百人次。

教学开放周期间我们还组织家长开展家长座谈会。家长座谈会由张如伟校长亲自主持,听取家长们对主体多元高效课堂的意见和建议,家长们对我区开展主体多元高效课堂教学改革给予大力赞扬和支持,并提出了一些合理的建议。

家长开放周活动,不仅让家长们看到自己孩子在学校的表现和学习生活,从中也是对学校教师素质、教学质量的一个全面、立体的检查和展示。学校将家长开放周活动作为宣传主体多元教育思想、展示学生自主发展、孩子学习快乐的平台。四(4)班娄沐雨的家长说:"今天进入课堂听课,给了我一个很大的惊喜,女儿从一个不爱说话的小姑娘变得敢说了,我的女儿在课堂上展示的时候,根据课堂教学的要求对一个人说一句话,女儿对全班同学说妈妈给了我生命,是妈妈给了我无微不至的关怀和伟大的母爱,是妈妈教育我如何做人。女儿的表现让我非常满意,这样的课堂太好了!"教学开放周活动为我们进一步落实主体多元教育思想,提高课堂教学质量,向社会展示我校的教育,推动我校教育教学的可持续发展具有重要意义。

(5)每月教学质量检测制度

教学质量是学校发展的生命线,学校始终把提高教育教学质量作为工作目标,指导学校其他各项工作。每月教学质量检测工作是监测和评估教学质量的重要环节。每月的教学质量检测工作由学校统一安排命题、测试和阅卷。检测结果汇总后上报校长和各科室,并在教学成绩分析会上进行认真仔细的分析,对教学中的得失查漏补缺,及时发现教学中存在的问题,并提出解决的办法和对策。

(6) 活动促进高效课堂建设

好的开端是成功的一半。2009年下半年,殷都区实施主体多元高效课堂改革,为了引导全体教师学习领会区委区政府提出的主体多元教育思想,学校组织全体教师在教研活动中学习主体多元教育思想和《高效课堂22问》。让人感动的是姚文俊先生在百忙之中亲临课堂听课。之后语文从高年级组,数学从低年级组开始了高效课堂的探究活动,全体教师行动起来,每一位老师都作了一节试水课,在课堂上进行高效课堂的研究探索。用我们张校长的话说就是:"在做中学,跳进水里学游泳,不做岸上的观望者,做大胆尝试的践行人。"

举行主体多元高效课堂教学研讨会。2010元月21日、22日,我校举行了高效课堂教学研讨会,我们从教师的试水课中选出五节有代表性的课进行了研讨,评出一、二、三等奖,并在春季开学前进行了精神和物质上的奖励。这一活动大大激发了广大教师们的课改热情,积极投身到高效课堂的探索和改革当中。

加快教师培训成长速度,激励教师自我提升。随着殷都区教科培中心主体多元高效课堂培训活动的开展,我校组织全体教师全员参加,积极试课。在各级各类培训研讨活动中,全校共有十余名教师参与上试水课,得到了兄弟各校的认可和赞扬。

边实验边研究。在主体多元高效课堂"双向五环"实施过程中,我们针对三个重点和三个难点进行重点研究,对于低年级实验的问题,一开始我校就要求所有年级全面实施主体多元高效课堂"双向五环"教学模式。在年初的主体多元高效课堂教学研讨会上,我们挑选了一节一年级靳风清的语文课做研讨,探索低年级高效课堂的教学方法,取得了理想的成绩。低年级教师在实验过程中发现小组建设四个学生一组经常出现说话的现象，有教师提出能否两人一组，我们给予支持，建议尝试分两人一组。通过低年级教师的尝试，取得了很好的效果。

高年级大班额的问题一直困扰我们的工作，我们提出几种分组方案供教师选择，教师们根据教师的空间和实际情况进行了合理的解决。

小学科教学我们也取得了满意的成绩，因为要求所有年级所有学科全员参与，所以我们的音乐、美术、体育、思品课，都有导学案。特别值得一提的是，我们的体育老师李洁在百师百课大赛中入围了100名。得到了全区教师和专家的赞扬。

在小组建设和小组评价方面我们也进行了深入研究，在我们组织的教师全员进课堂活动中，我们发现同一个班的不同学科的评价方法差别很大，使得学生和老师很不适应，于是我们召开课题实验调度会，讨论评价方法方式的问题。通过听取教师们的意见，统一教师们的思想，要求统一评价的内容和方法，各年级可以有自己的特色。如在给小组得分的方法上，有的年级语文画"☆"，学数学画"△"，英语画"A"，科学画"K"等等，探索解决了教学中遇到的实际问题。

加强学习制度保障，固模过关成绩显著。2009年春季一开学，我们就组织全体教师系统地学习高效课堂"双向五环"（第五稿）和学校的高效课堂各项规章制度，使我校的课堂教学进入了高效课堂全面铺开的崭新局面。

2010年3月23到4月14日，我们用近一个月的时间举行了"高效课堂固模过关"赛课活动。活动中出台了"梅东路小学高效课堂"课堂教学评价标准，成立了评审小组，校长带队参与听课评课。活动中所有的教师都能够熟练地掌握"双向五环"的教学模式，在区固模过关赛课活动中，参与赛课的教师初步过关，并有5名教师入围100名，一名教师入围30名。

2010年9月，学校加大了高效课堂推进力度，建立了导学案评审小组、高效课堂督导小组、教学质量评估小组等组织，完善了高效课堂各项管理制度，坚持"一个围绕、三个尊重"，朝着高效课堂稳固、深化、求成的目标努力。

2. 加强班主任培训：良好的教学秩序与良好的学风与班主任的努力分不开，建设一支过硬的班主任队伍是学校的一个工作重点，因此我校高度重视班主任培训工作，开展了班主任工作交流，组织参加了各级班主任培训，提高了部分班主任的管理水平。

3. 督促教师参加继续教育培训，基本上完成了本轮的继续教育要求。

4. 加强体、卫、艺教师的培训工作。多次派出教师参加培训。

5. 扎扎实实开展读书沙龙活动。每周一教师在例会前与大家交流本周读书心得，与大家分享精神大餐。

Part 3
第三部分

成果篇

主体多元发展性教系统研究初步成果

2005年，姚文俊校长主持"小学生主体多元发展实验研究"落户安阳市殷都区。这项课题实验分四个学科系列来开展，德育系列、学科系列、活动系列和家教系列。2006年4月，学校以学科系列为突破口，以"构建主体多元发展性教学系统"为载体，开始了细致深入的研究工作。

通过近五年的努力，学校构建了较为科学合理的发展性教学系统，通过师生主动参与积极互动促进了学生的主体多元发展和教师的专业化发展，进而促进了学校的快速发展。

课堂教学模式进一步概括

课堂教学是教学活动的主要阵地，是激发、培养学生主体意识多元智能的重要途径。随着研究的深入，学校研究出了适合学生发展的课堂教学模式——高效课堂教学模式。

高效课堂教学模式十分注重学生学习能力的培养，真正地把"自主、合作、探究"的理念落实到教学行为中。学生在学的过程中，学会了自主探究，学会了团队合作，学会了竞争创新。这种教学模式，真正做到了面向全体学生。让每一位同学都参与进来。学生变"苦学"为"乐学"，变"怕上课"为"不愿下课"。最重要的是高效课堂教学模式让学生终身受益。它的目标是培养全面发展的人，从学会知识到掌握学习方法到训练终生发展的能力。高效课堂就是"知识的超市、生命的狂欢"。课堂真正成为了促进学生终生发展的催化剂。

进一步提升了理论认识

21世纪的教育新理念中，主体性教育思想和多元智能理论对教育教学的影响是非常大的。它反映了社会发展和人的全面发展的基本需求，是教育促进社会和人的发展的具体要求。主体多元发展的教学系统体现了以下观点：

主体性观点。强调学生是认识的主体，必须发展学生的主体性。

多元智能的观点。突出人的智能是多元的。这种多元是开放的多元。教师应当从促进学生的发展的最终目的出发，从不同的视角、不同的层面去看待每一个学生，促进其优势智能向其他智能的迁移。

发展的观点。学生是发展中的人，以人为本的科学发展观要求教育要为学生的终身发展奠定基础，为社会的可持续发展提供人才支持。

差异的观点。教师要承认差异、关注差异、尊重差异。努力使每一个学生都能在原有基础上提高，各自的个性和特长能得到健康、充分的发展。

促进了学生素质的提高

学生的整体素质得到提高，学生参加各级各类比赛，每学年都有

1000余人次获得各种奖项。

学生成为了课堂的主人。新课程标准明确指出，学生是学习和发展的主人。传统的教学观是以教为中心，向学生系统地传授知识和技能。在教学过程中，教师是权威，是中心，主宰着上课的整个过程。而学生则始终处于被动的地位。教学行为和方式大多表现为：教师讲，学生听；教师问，学生答；教师写，学生抄。课堂成了教师的课堂，学生完全丧失了自主学习的权利。传统的单纯接受式教学方式，严重阻碍了学生的发展。所以，学校多次组织教师学习、座谈、参观，不断培训教师更新教育思想，明确树立"学生主体"的意识，走主体多元教育思想下的高效课堂之路。

学校结合殷都区开展的"优化课堂教学，构建高效课堂"活动和申报的国家级"十一五"课题《小学生主体多元实验研究》的研究工作，开展了高效课堂"双向五环"教学模式研究。高效课堂教学模式强调教学是多边活动，提倡师生、生生、师生间的多边互动合作，充分调动各动态因素的密切合作。合作学习首先要重视学习过程，在这个过程中既要保证学生充分学习，独立思考，又要有讨论交流，展示提升。合作学习主要以小组合作的形式进行，每个班级设六个小组，每个小组成员在性别、兴趣、能力等方面合理搭配。学习时，将自学结果在小组内交流，并讨论解决自学中存在的疑难问题。每个人既是先生，又是学生，彼此合作，相互启发。教师在这时可相机点拨、补充、评价。这个时候，学生真正成为了课堂的主人。

五年来，我们始终坚持以主体多元理论为指南，针对导学案编制、学习流程、达标检测等方面进行了深入研讨，进行了四个子课题、各学科参与的课题实验，共推出了一百多节实验课，三十多节展示课，先后召开了十多次研讨会，汇编了课题研究成果集。已初步形成了学校语文、数学、英语、艺术等各学科教学的新模式和学生学习的新方式，取得了一定的成果，探索总结出了一套行之有效的课堂教学模式。

学生成为自主管理的主人。为提高学生自主管理能力，增强学生集体荣誉感，在实践锻炼中让学生实现他律—自律—自主管理的主人翁意识，学校少先队在原有的"自主管理"基础上成立"小学生自主管理委员会"。学校三至五年级全体少先队员，每位同学都可以参加。通过班级管理委员会推选，每班产生五名候选人参加学校竞选，同学们各显神通，展示自己的风采，积极参与。2010年9月13日，梅东路小学学生自主管理委员会的小委员们正式上岗。"小委员们"出台了《小学生自主管理委员会管理制度》，立志要做好本职工作，接受全校师生的共同监督。

自主管理的直接动力来源于小学生自主服务，行为自律的需要。真正的自主服务、自主管理是儿童发自内心的行动，具有明确的目的性和计划性。引导自主管理，根本上在于培养自主管理的能力。在管理中，一是不论校领导还是老师，都要充分尊重学生，把学生从被动被管理变为主动管理自己，做自己的主人，做班级的主人，变"要我做"为"我要做"；遵循"人人有岗位，事事有人做，人人有事管，人人有责任"的原则，把主人地位还给学生，让每个学生都明确奋斗目标，了解工作环节，清楚自己应该承担的各种义务和责任。

学校分学校岗位管理、班级岗位管理两大块来开展工作的。从孩子的实际出发，遵照孩子们的年龄和心理特点，我们设计了独具特色的学校实施方案和班级实施方案。学校岗位设置了小校长、小教导主任、小总务主任等岗位；班级岗位分为普通岗位和服务岗位，设置了小班主任。普通岗位是设置的一般岗位，如清洁员、美容师等。服务岗位是服务性的岗位如：小旗手、小导游、图书管理员等。这样，设置的各种小岗位，最大限度地为队员创造参与实践的机会，让队员们通过参加管理，提高领导、组织和服务能力。自主管理为孩子提供了锻炼成长的舞台，培养他们的小主人意识；培养了他们的竞争意识，参与意识，使之成为能适应现代社会的新一代人。

学生成为了社团活动的主人。2010年9月，经过一段时间的酝酿和扎实有效的前期调研准备，学校系列社团的各项工作全面铺开。

我们的理念是让社团成为每个孩子张扬个性的炫丽舞台。学校少先队围绕"把社团活动打造成为学生热爱学习、获取知识、发展能力和提升教育质量的新的增长点。"这一总目标组织成立了各个社团。根据学生的兴趣爱好，为每一个社团拟订了合适的目标，让每一个学生都能有一技之长。

在社团活动师生情况调查中，我们发现大部分教师和学生对社团活动持积极态度，参与的欲望较高。根据我们对教师和学生的调查，学校开设了文学类、艺术类、体育类等六个大类24个社团，根据教师的辅导意向，制定了社团活动计划，定期开展社团活动。为确保社团活动的正常开展，我们逐步规范社团的管理。学校隆重举行了社团自主招生现场会。学生自愿报名择优录取，招生会上每个社团各具特色的招生海报成为了一道亮丽的风景。

为促进社团品质的提升，我们制订了《社团展示活动计划》，明确各社团的成果展示方式：一种是过程展示是指在活动的过程中不定期地进行展示，通过橱窗等宣传阵地阶段展示教师和学生的活动成果；集中展示指组织开展社团文化节活动，展示社团风采和学生个人成果，为师生提供交流与展示的平台。为鼓励优质社团的发展，我们还出台了《梅东路小学优秀社团评比办法》，根据各社团一学期的活动情况及目标达成度，开展"十佳社团"和"优秀辅导老师"等评比活动。

社团的扎实有序推进，涌现了一批品牌社团。学校"小白灵"合唱社团是在四至六年级学生中通过自己申报、考核择优录取而组成的。自2006年成立以来，坚持每周训练一次，通过系统科学的发声训练以及灵活多样的作品排练，让学生在属于自己的社团活动中感受合唱的独特美、发现美、体验美,增强审美情感,培养科学意识,提高创造美的能力。在老师和同学们的共同努力下,合唱社团已经呈现出了团结一心、积极向上、勇于创新、共攀艺术高峰的和谐氛围。2009年9月合唱社团获得殷都区合唱比赛特等奖,2010年11月,《小竹桥》合唱节目参加殷都区教材歌曲比赛获得一等奖等,多次参加各类比赛并获奖。

社团活动激发潜能,我们正以一种昂扬的姿态,以一种崭新的面貌努力使社团活动成为每一个孩子童年难忘的经历,一生的财富。

促进了教师的成长

现在的世界是科技至上的世界,科技是否先进决定了一个国家的强盛,科技人才的培养教育有着不可推卸的责任,归根到底教育决定国家的命运,而教育的振兴在教师,没有教师现今的教育理念就无法实施,再先进的科技技术无法传承。因此,在课题研究实验中,抓好教师是研究的需要,最终发展教师是研究的成果。

1. 增强了教育研究意识

常规的教师教学,侧重于用拿来主义传授知识,认为教育科研都是研究人员的事,课题研究,教师们的科研意识增强了,牢固树立了教学、研究要一体化,在教学中研究,在研究中教学的思想。要把课堂、教室当做实验室,这样就可以破解教师们的难题,改变教师的工作方式,提升教师们和孩子们的生命质量。

刘艳老师在课题实验中,不断学习理论知识,并和自己的教学实践相结合,取得了很大的进步。课题实验使她懂得了,要想构建有生命的课堂,首先要注重教学细节。从某种意义上来说,教学活动是由一个个的细节构成,细节虽小,却能透射出教育的大理念、大智慧,所以,成功的教学必定离不开对细节的研究与雕琢。她说:"小学生主体多元发展实验研究给了我自身发展的好机会,让我过上了幸福而完美的的教育教学生活。"

2. 树立了终身学习意识

教师职业的特殊性,需要不断学习,不断进步,才能满足教育的需要、教学的需要、学生的需要。开展课题实验以来,教师们树立了终身学习意识,并且牢记"时时处处皆学习,人人都是我老师"。学校的读书沙龙给教师们提供了很好的平台,大家研讨、交流、思维碰撞,共同进步,共同提高。

参加研究实验的老师们,精诚团结、合作互动。教师们说:"'小学生主体多元发展实验研究'课题实验开展得好,既提高了教育教学质量,又加快了自己的专业化成长。"继续探索自主、合作、探究性学习的小学生主体多元发展课堂的科学教学模式,继续研究相关的优化教学策略,是大家共同的目标。

张静同志担任数学教学工作。开始课题研究以来,她能坚持"以教师为主导,以学生为主体"的教学意识,创设了宽松和谐的课堂教学氛围,促进了学生全面和谐地发展,成为学生学习过程中的合作伙伴、知识的引导者。课堂上,树立了师生交往的观念,构建和谐的、民主的、平等的师生关系。她能以科研为抓手,以课题为引领,在小学数学课堂教学、新课程教学改革等工作中刻苦钻研,奋发努力,勇于实践。2008年4月参加殷都区数学优质课大赛获一等奖,同年10月参加市数学优质课大赛获二等奖。2010年参加安阳市青年教师技能大赛获二等奖。她能按照素质教育的要求,在数学教学中不断更新自己的教学思想,改革教学内容和方法,充分运用教学手段,以独特的教学魅力吸引和感召着学生。

教师通过实验,与专家面对面沟通交流的机会多了,走出去学习的机会多了,提高了自身素质。两年来,教师的论文荣获国家、省、市不同奖项的有 60 余人次。参加区（县）级以上优质课评比获得各种奖项 40 余人次。区级骨干教师 2 人，区级学科带头人 3 名，市级骨干教师 10 人，学科带头人 2 人，省级骨干教师培养对象 1 人。

提高了学校的教育教学质量

课题实验以来，学校七年级调研成绩稳定在全市前列，这是对课题研究最有力的证明。

学校连续 3 年被评为市教育教学质量优秀学校，2007 年被评为安阳市教育教学质量优秀学校，2008 年 4 月被评为中国教育学会小学教育专业委员会先进实验学校，2009 年殷都区教育教学质量优秀学校，2010 年被评为安阳市教育系统先进集体、殷都区高效课堂建设先进学校。

学校连续 6 年被评为区教育教学质量优秀学校，2007、2008、2009 连续三年被评为市教育教学质量优秀学校。得到了家长及社会的认可，2010 年学校被评为河南省示范家长学校。

札 记

　　课改前沿勇于探索，一路艰辛一路收获。在路上，我们写下……

我对《小学生主体多元发展实验》的认识

黄晓娟

当今世界,"以人为本,以培养创造性人才为宗旨"的现代教育思想越来越深入人心,我们确立的小学生主体多元发展实验就是这一教育思想的具体化。这个教育活动的综合实验根据培养可持续发展人才的社会要求,充分确立了学生发展的主体性,明确了学生发展的多元性,就是要"让"孩子们按自己的舞步跳舞。

事实上,孩子的想象力、创造力要比成人强。问题是我们运用什么样的理论,通过什么途径开启孩子想象的大门,充分发挥孩子的自主性、主动性和积极性,使孩子与生俱有的创造潜能得到开发利用。

多年来,我国实践、推行的突显学生自主性、主动性和创造性的主体教育,使学生们逐步成为了"最佳的我";近年来,倡导以人为本、促进学生终身发展的新课程改革,使学生们逐步形成了"自主、合作、探究"的学习方式;哈佛大学霍华德·加德纳教授的多元智能理论,启示我们尊重和接纳孩子之间本身存在的差异性,使学生扬长补短发展。

各国的教育实践证明:创造力必须要通过早期教育才能得到充分发

展。我校本着从小及早进行学生智力全面开发，确立"主体、多元、新课程"三者有机结合的教育思想，必定促使教育工作者树立课程整合思想，在教育实践中促进学生的主体性发挥，紧紧围绕培养孩子的创新精神和实践能力，为孩子拓宽综合发挥多元智能进行感知、探索、实践的空间。

一、突出主体性，"引"学生主动探索

要具备现代化教育理念，改变教学方法，引导孩子发现问题、解决问题。激发孩子们大胆表现，求新求异，给孩子们主动探究、解决问题的空间。打破思维定势，从我做起，在课程中和谐贯穿学生创新与实践能力培养教育。

孩子们在发现问题、解决问题的这一点能力上的进步也是我们在教育工作中逐步引导过来的。刚开始孩子们发现别人的不足或问题，总是"出言不逊"地提出来："你写得真难看！"，"你做得不对！"而视自己作品为宝贝的学生当然不能欣然接受，于是问题就产生了，我就借机会加以引导。我建议学生用礼貌的口气，被提建议的学生我就给他们讲道理，让他们有个较好的心态，正确看待别人提建议的用意：是帮助你进步，希望你做得更好。这样慢慢地班里的学生无论谁看见老师，他们在学习上、生活上的问题都能有礼貌地提出来，并共同想许多办法来解决它。孩子们在日常活动中敢于大胆地提出自己的想法和看法，这也是因为我们十分注意给孩子创造轻松、自由、开放的学习气氛，同时注意与孩子们互相平等、互敬互爱，孩子们更乐意参与教学、日常活动，敢于说出自己的想法、看法，创造性地表现事物了。

二、承认个体差异，"引"学生扬长补短

运用多元智能理论，实现对孩子个体的因材施教。多元智能理论指出，每个人都具有不同的智力发展潜能，能够在不同方面有突出的表现。分析孩子的认知特点与需要，找到教育的最佳切入点，在这个基础上影响全班的孩子共同进步，实现整体优化。多元性会使老师更加包容孩子，教学更具有针对性，也会使孩子从老师的包容和教导中获得更多的成功与自信。

以上是我从学习主体教育理论、多元智能理论中得出来的几点体会，写出来与大家分享。其实我知道，我们每位老师都会有自己的教学经验和需要，从不同的理论中汲取有价值的东西，至于汲取什么，如何评价它，如何将它付诸实践，则又是一个见仁见智的过程了。我认为，小学生主体多元发展理论的有益之处是：它可以帮助我们更好地去理解和接受与自己不同的人，也能够促进我们更多地去包容和帮助有不同需要的人，而这个世界不正是由于他们的多样性而显得更加美丽吗？

让孩子们按自己的舞步去跳舞吧！

"自主"讲评试卷的模式

陈 颜

试卷讲评是每次考试后的一个必不可少的重要环节，教师通过卷面上反馈的情况，掌握学生的知识建构情况，作好教学反思，及时调整教学。学生通过讲评更清楚自己的学习情况，有针对性地查缺补漏，获得新知，使自己的知识系统更为完善。从这两个意义上来讲，试卷讲评是一个学习阶段的再次检验、总结和提升。教师和学生都应该利用好这一环节，对教、对学都是一种提高。

因为讲评的对象是学生，因此我们现在大多采取的是传统的讲评模式：一公布成绩；二对错误率较高的题就题论题式地讲解。这种教师逐题讲评的方式给我们的学生形成了一种"等、靠、要"的思想，如考试一结束就想要标准答案，对于错题原因知其然而不知其所以然。教师讲评只是对"面"（部分学生），还不能到"点"（学生个体），下次有同类型的题照错不误。一节课下来，效果并不是太好，错误较少的同学不愿听，因为感觉浪费时间；错误多的学生边听边改错题，应接不暇，无暇分析出错原因。学生学习是一种被动学习，学生积极性不高，讲评效果比较差。

现在我们提倡高效课堂的自主学习模式，传统的讲评方式不能体现学生为主体，教师为主导的探究教学理念。那么，一节充分体现"自主"的试卷讲评课应具有什么样的模式呢？

一、读成绩初步感知

教师首先给学生告知本次测试班级的成绩概况。总分多少、平均分多少、优秀率百分之几、及格率百分之几。接着宣读各分数段人数，比如100分的9人，90—100分的15人，80—90分的8人，80分以下的有12人。请学生看自己的试卷，结合刚才所了解的班级整体成绩，明确自己在班级中的位置，确定努力的方向。这个环节教师首先应该是发现学生已经学会了什么，并肯定学生的成绩，鼓励和表扬学生的进步，以期使学生处于爱学数学的最佳状态，激发学生学习的积极性。另外也使学生了解自己在班级的位次，从而正确的认识和评价自己。使他们在学习的过程中不骄不躁、不气不馁，既有压力又有动力，不断提高自己的知识和技能水平，提高自己各方面的能力。

二、独立审查自主解决

数学试卷应在讲评课前发给学生，学生根据试卷中存在的问题，主动复习教材，查阅相关资料。独立解决自己能够从课本、资料得到答案的问题，疑问，初步修改错题。学生自主初步审查错题，找出错误原因，说说你有什么样的感悟，在班内交流。比如有的同学说：我有一道题把数字抄错了，导致计算错误，不然我会得满分的；我没有按题目的要求去做，白白丢了5分，等等。懊悔之情流于言表，每一个错的原因都给他们留下深刻的印象。反之，这些错误的原因由教师总结，即便在课堂上声色俱厉的批评，对学生来说宛如隔靴搔痒。

三、小组讨论合作解决

学生不能自我解决的问题，在小组讨论活动中解决，由原来老师给答案变成自己得出答案，此时成绩较好的同学充分发挥了他们的作用，同时学困生也得到针对性的辅导。完全是学生自主学习、自主讲评。如果小组讨论后还有疑惑，则在全班讨论时达成共识，这时老师可以适当地引导、讲解。

四、总结拓展提升

小组再次合作，总结讨论本小组在这份试卷中出现错误最多的题，围绕这个错题联想平常学习中相似题型，这个问题与教材中的哪个问题有联系？这个问题有没有其他的解法或更简捷的解法（一题多解）？用这个问题的解法可否解决其他问题（一法多用）？写出并解答。这个环节实际上是对相关知识的检验、总结、巩固和提高，加深对错题的理解，拓展思路，为后的学习打下坚实的基础。

学生通过这个环节的实践，既培养了学生的问题意识及自学能力，还发挥了学生学习的主动性，激发了学生学习的兴趣。

总之，初步感知；独立审查、自主解决；小组讨论、合作解决；总结、拓展、提升的讲评模式，学生的学习积极性非常高，不仅让学生反思了自己，而且对题目也理解得更深了，最重要的是这样的讲评不是就题论题，而是从一个知识点延伸拓展到其他知识，使学生的学习效率非常高！从而实现评讲试卷的终极目的——学生的学习成绩与能力都得到提高。

《我要成为最佳的我》读后感

黄晓娟

主体教育作为我国六大教育模式之一,早已如雷贯耳。过去也曾到安阳市人民大道小学参观过,从报纸、杂志上也看到过很多关于主体教育的介绍,我自己觉得已经从多侧面地对主体教育进行了较为深入的了解。

为了把学校《小学生主体多元发展》课题实验工作做好、做扎实、做出成效,在暑假期间我又认真地把《我要成为最佳的我》一书逐字逐句阅读了一遍,并认真地写下了一本学习笔记。总体感觉是:感受颇深!原来的认识真是太粗浅了,现在也仅是感触到了这一教育理论体系的皮毛。

读过《我要成为最佳的我》一书,我最清晰的认识有以下四点:

一是要坚持。《我要成为最佳的我》这本书分为《认识篇》《研究篇》《成果篇》三大部分。因为平常了解最多的是主体教育的成果,但是在阅读过程中,我对书中《研究篇》所叙述的内容有了浓厚的兴趣,看得特别认真。我的思想被震撼了:做任何事,只有坚持,最后才有可能、都可以取得成功。人民大道小学的主体教育研究,长达八年之久。这八年,想想应该是很艰辛的。以姚校长为核心的大道人不断学习、努力探索，才取得了今天的辉煌。这份"坚持"的意志是我们必须要学习的，要学好的。在搞课题研究、探索的道路上，一定要耐得住寂寞守得住自己的道，摆脱急于求成的浮躁思想，不能有急功近利的想法，要脚踏实地开展研究。相信天道酬勤，老天不负勤奋的人。

二是重理论。感触最深的是，人民大道小学聘请组建起了一支专家学者队伍，他们在实验中起着理论指导作用，与一般学校教学通常"重实践、轻理论"相比，这无疑是一种教育工作的突破，这无疑也为教科研工作的发展提供了很好的样板。

三是抓教师。看完书后，还有一点感受很深的是姚文俊先生特别重视教师培训，重视提高教师队伍的整体素质。人民大道小学在加强教师队伍建设的策略上采取的是"引进、提高、参与、满足、奖惩"十字方针。不仅引进人才，还选派优秀教师到北师大、华东师大等高校培训。这是有远见的做法，换来了人民大道学校教师队伍素质的整体提升。民族振兴在教育，教育振兴在教师。一支思想好、作风正、业务精的教师队伍，才能保证课题实验的成功和教育质量的提高。

四是看实效。《我要成为最佳的我》的书名，开宗明义，点明题眼就是看学生的发展。学生既是教育的对象也是教育的主体。顾明远先生说："我参观过几百所学校，学生像这所学校那样积极主动的却不多见，或者说就没有见过。"学生的积极性被充分调动起来，"兴趣是最好的教师"，学生的学习兴趣被调动起来，还能有学习成绩不好的效果吗？多年来，人民大道小学的教育教学成绩是最好的证明。

集中时间读完《我要成为最佳的我》一书，心里更亮堂了。对于下一步学校的课题实验工作，我充满了信心。

给我一个机会，还您一份惊喜

——由起组名想到的

张伟利

"我们的第一小组起的组名是拇指小组，口号：伸出拇指，我最棒！""哈哈……"。"我们组的组名是青松小组，口号是：青松，青松，学习轻松，快乐成长！"教室里响起了一片欢声笑语。

"拇指小组""青松小组"这些名字让人听了以后都觉得很有趣、可笑，也就是孩子们能起出这么幼稚、有创意的组名。回想起当初把给自己小组取组名和口号任务布置给同学们时，我的心里忐忑不安：他们会取什么样的名字，口号要求积极向上，同学们能取好吗？还是我给他们取几个响亮的口号让他们选……现在看来我的担心真的是多余的。这件事让我又想到了那句话："给我一个机会，还您一份惊喜"。如果是当初我给孩子们取好小组名，也就没有今天这么多有创意，散发着孩子们童趣的好组名出来。

在实施高效课堂初期，为了让孩子们尽快适应这种课堂，我们班就把"给我一个机会，还您一份惊喜"作为了班级的班训之一。其实这是孩子们说给老师听的，每次听到这句话，我都提醒自己：放手，放手！

相信孩子！实践证明，效果是明显的。不但孩子们起的组名让老师觉得富有新意，而且之后孩子们在课堂上大胆的展示让老师出乎意料，更让老师吃惊的是孩子们在课堂学习过程中的质疑，辩论，使课堂的学习气氛一下子活跃起来。课堂学习对每个孩子来说都变得轻松，愉快，短暂，难忘，有效。每节课都觉得时间不够用，意犹未尽……

给学生快乐的童年

——读《窗边的小豆豆》有感

魏淑芳

早就听说过《窗边的小豆豆》这本书,但是一直没有拜读。今天捧着它,封面上太多的荣誉以至于让我感到好奇:20世纪最有影响的作品之一,33种文字全球发行,教师必读、百家媒体报道……使我不禁想到,小豆豆的背后到底藏着怎样的教育理念呢?殷都区委李书记为什么要号召全区教师仔细阅读呢?带着几分神秘、几分好奇、几分崇拜、几分探究,我打开了这本带着墨香的新书,走进了小豆豆的世界,从此,我被小豆豆的喜怒哀乐感染着。

一个个性上不同于一般的孩子,行为怪异、不受纪律约束的孩子,影响教学、忽视课堂纪律,我想,放在我的课堂,我也会火冒三丈,即使我作为家长,我也不能容忍自己的孩子如此上课,轻则呵斥、重则拳打脚踢。

我边读边想,这样的孩子一定找不到学校上,谁会接受这样一个问题学生呢?可是,巴学园出现了,神秘独特魔幻般的校园,超级棒的小林宗作校长,对幼儿教育有独特见解的"教育家",让孩子自由发展、个性张扬的教育理念，一些千奇百怪、趣味无穷、让孩子乐在其中的怪主意："电车学校"、"山的味道、海的味道"、自由组合的座位、到墓地"试胆量"、孩子家长共参与的运动会、意想不到的蔬菜奖品……读着这本书，很多次，我都似乎回到了自己的童年，那时，我也曾像小豆豆一样有着这样那样的怪想法，也曾和她一样无拘无束地玩过钻篱笆、爬树游戏，现在，我还能想得到，下雨天，我和小朋友冒雨在泥巴地里踩泥巴、摔泥炮是多么的有趣。可如今，我的孩子，我的学生呢？他们何曾有过那样的乐趣呢？他们被家长老师太多的"不许"所禁锢，囚禁在狭小的空间，呼吸者仅有的不够新鲜的气息。和这位伟大的小林校长，还有那位宽容、仁爱、懂孩子的伟大妈妈相比，他们让我敬佩之余，是深深的惭愧。

了解孩子的内心世界，才是教育的出发点，教育的出发点是充分地信任孩子，我们太多地把来自成人世界的喜好、规则、强加于孩子，让幼小的肩膀过早的承担种种压力，他们像被套上了紧箍咒，像木偶一样任我们摆布，我们一边在限制他们的自由，还一边在喊诸如素质教育、培养创造性、让孩子个性张扬之类的话题，孩子的快乐到哪里找寻呢？

虽然，我们现在无法像小林校长拿样，建造一所电车学校，但这所快乐学校的快乐元素是可以模仿的：了解孩子、尊重孩子、解放孩子。我们是否可以像小林校长那样，做孩子的知心朋友，做他们的倾听者，做他们可以信任的人呢？给孩子快乐的童年，用为人师的宽容、博爱、为人师的广阔胸怀，让每一个充满个性、有棱有角的孩子从从容容，快快乐乐的从一所学校走向另一所学校，走向社会、走向未来！

课改前沿勇于探索
一路艰辛一路收获

朱凌丽

2010年11月20日,全校课题组教师一起汇集于会议室,由黄晓娟副校长主持的梅东路小学课题申报结题仪式正式启动。我们各个课题组的负责人认真把本组承办的课题进行了解读,教科研中心李银旺主任就课题研究进行了技术上的认真指导,并对于我们进行课题研究给予了高度的评价和鼓励。那一天的现场会让我想到了很多,感受到了很多,最多的就是感觉我们的英语课题研究不再模糊,课题即研究,研究即课题,研究的思路瞬间成熟了、成型了,课改的信心瞬间增强了。

回首去年的这个时候,我们怀着忐忑不安的心情,来不及细细思考便跳到了高效课堂的"游泳池"。我们懵懵懂懂,亦步亦趋,无从下手,充满迷惑。那时候我们对高效课堂下的小学英语教学谈论很多,却不敢让别人听自己的课。可以说那时候我们的英语课堂经历了短暂的沉默期,导学案的编写更是五花八门、眼花缭乱,让人摸不着头脑,大多数理解成了一张试卷。到现在我还忘不了自己的第一节试水课,第一张导学案,都成了"四不像",想起来都脸红。

但是我们没有退缩,今年春天我们首次听到了中国教师报名校共同体老师给我们作的示范课,也见到了导学案的庐山真面目,紧接着教研室给我们制订了初步的上课模式,虽然只是形似,但是至少让我们有了模仿的对象,我们的导学案也在一瞬间诞生了。那时候,我们把自己的才能都展现在了导学案的设计上,一份份极富个性的导学案彰显了我们对小学英语高效课堂的初步理解一节节颇显稚嫩的模仿课和导学案都包含着我们改变传统勇于探索的勇气。

更忘不了为了加速课改的进程,增强课改的信心,"百师大赛"让我们在竞争中互相学习,互相提高,让我们感觉到我们殷都区课改应该具有我们自己的特色。它是一个小小的分水岭,我们的"形似"之后需要的是"神似":如何探索具有我区特色的小学英语高效课堂模式,让高效课堂的"方向盘"——导学案真正服务于课堂教学是我们亟待解决的问题。抱着这个问题,我们不断地和外来的专家接触,接受培训,更新观念,加深理解,完善思维。

在经过了不断地探讨、摸索、试验、改正,如此反复学习后,在今年9月份,教研室基本上定型了我区高效课堂下的小学英语教学模式——主体多元"双向五环"小学英语教学模式:

Step1 Check(回顾复习,小小检测)(6—8分钟)

1. 课前热身,心神凝聚;
2. 及时复习,温故旧知;
3. 适时检测,查漏补缺;
4. 对子互检,巩固旧知。

(或:warm up)

Step2 Presentation(呈现目标,预习独学)(10—15分钟)

1. 巧妙导入新课,出示学习目标;

2. 学生独学预习，标出疑难问题；

3. 通过课堂活动，转入自主学习。

Step3 Cooperation（合作交流，对学、群学）（3—5分钟）

组长带动　对子帮扶/交流

Step4 Show（大小展示，探究总结）（5—8分钟）

1. 预展准备，小组展示；

2. 班内展示，生成拓展。

Step5 Consolidation（达标检测，师生小结）（3—5分钟）

1. 达标检测，力争堂堂清；

2. 课内小结，导学案整理。

这个模式凝结了课改人的心血，特别是教研室的王会臣老师和李莎老师，他们肩负着领路人的重责，其中付出的艰辛、所承受的压力可想而知。

正是这个具有明显殷都区特色的初步的教学模式让我们走出了"模仿他人"的困惑，让我们操作起来明显地感觉到顺手和轻松，这是我们自己高校课堂，这正是向高效课堂的高一层境界迈进的序曲。

11月份和江苏前景教育集团联合进行的教育教学交流会上，我们三个分会场的9位作课教师在领悟了王老师的三种课型的作课要求后，大胆尝试，不断丰富完善，终于在这次交流会上让三种课型的构想变成现实。12月初在钢二路小学的优质课交流会上，朱华和张卫华两位老师的两节课无疑是拍板课，我们的课型已经成型、成熟了！

截止到2010年12月28日，在外国语小学研讨会上，我们的小学英语高效课堂三种课型：学习新知课型、自学探究课、复习提升课成型定型。

学习新知课型　教学模式操作建议

Step1 Check（回顾复习，小小检测）（6—8分钟）

1. 课前热身，心神凝聚；
2. 及时复习，温故旧知；
3. 适时检测，查漏补缺；
4. 对子互检，巩固旧知。（或：warm up）

Step2 Presentation（呈现目标，预习独学）（10—15分钟）

1. 巧妙导入新课，出示学习目标；
2. 学生独学预习，标出疑难问题；
3. 通过课堂活动，转入自主学习。

Step3 Cooperation（合作交流，对学、群学）（3—5分钟）

组长带动　对子帮扶/交流

Step4 Show（大小展示，探究总结）（5—8分钟）

1. 预展准备，小组展示；
2. 班内展示，生成拓展。

Step5 Consolidation（达标检测，师生小结）（3—5分钟）

1. 达标检测力，争堂堂清；
2. 课内小结，导学案整理。

成果展示课型　教学模式操作建议

Step1 Check（回顾复习，小小检测）（3—5分钟）

1. 课前热身，心神凝聚；
2. 及时复习，温故旧知；
3. 适时检测，查漏补缺；
4. 对子互检，巩固旧知。

Step2 Presentation（呈现目标，预习独学）（5分钟）

1. 巧妙导入新课，出示学习目标；

2. 学生独学复习，体现自主学习。

Step3 Cooperation（合作交流，对学、群学）（3—5分钟）

组长带动　对子帮扶/交流

Step4 Show（大小展示，探究总结）（15—18分钟）

1. 预展准备，小组展示；

2. 班内展示，生成拓展。

Step5 Consolidation（达标检测，师生小结）（5—7分钟）

1. 达标检测力，争堂堂清；

2. 课内小结，导学案整理。

复习提升课型　教学模式操作建议

Step1 Check（回顾复习，小小检测）（1分钟）

课前热身　心神凝聚

Step2 Presentation（呈现目标，预习独学）（10分钟）

1. 导入新课，出示目标；

2. 自主学习，巩固知识。

Step3 Cooperation（合作交流，对学、群学）（3—5分钟）

组长带动　小组交流

Step4 Show（大小展示，探究总结）（8—10分钟）

1. 预展准备，小组展示；

2. 班内展示，生成拓展。

Step5 Consolidation（达标检测，师生小结）（10—15分钟）

1. 达标检测，力争堂堂清；

2. 课内小结，导学案整理。

（导学案中加进阅读理解试题）

以上每种课型的制定、每个步骤的操作细则和建议，让我们可以想到我们的领路人在其间花费的心血和精力无比寻常，正是上课模式的成熟成型让我们在编制导学案时有了中心和指导。区教研室向全区英语教师发出倡议：每人编写三种课型特色导学案，把全区教师的优秀导学案汇集成册，集中大家的智慧，形成殷都区高校课堂小学英语导学案集锦。在接到任务后我们课题组成员围绕五步教学法，按照每课的教学目标设计学习目标，设计教学环节，注重在导学案的科学性上下工夫，让我们设计的导学案具备导学性、层次性、趣味性、实用性和高效性。

回首半年的课题研究历程，风风雨雨，一路坎坷，一路艰辛，但是我们没有退缩，没有逃避。正是这种舍我其谁的大志、大气、无畏、无惧、进取、求实的工作精神让我们每一个英语教师互相感动着、感染着、行动着，正是：

课改前沿勇于探索，一路艰辛一路收获。
回首往昔峥嵘岁月，一路扬帆一路凯歌。

在路上

——寻找音乐快乐教学模式

魏淑芳

主体多元高效课堂教学改革在殷都区进行得如火如荼，课堂改革要求我们的学生要快乐地学习。我经常听到其他学科的老师似羡慕似挖苦地说："真羡慕你们呀，艺术课本身就是学生喜欢、快乐的课。"是不是音乐课学生特别的快乐呢？我仔细观察发现，学生在没有任何学习困难时的快乐是非常短暂的，而且是没什么教育意义的，那么有了学习困难会不会就让学生不愿学，从而不开心呢？通过课堂实践和观察，我发现，没有任何负担的学习，学生得到的只是非常短暂的开心，而不是身心的愉悦，当我层层深入地帮他们提出问题和解决问题后，他们是快乐的，并激发了继续探讨的兴趣，这才是我们教育最原始的动机。我明白了为什么要求我们的教学要是快乐的。

孔子就曾明确指出："知之者不如好之者，好之者不如乐之者。"宋代大理学家朱熹说得好："教人未见意趣，必不乐学。"于是，培养学生对于音乐课的兴趣就变得尤为重要。人们总是喜欢把师者定位在"蜡炬成灰泪始干"上。一副"恨铁不成钢，为自己的学生操劳一生，不求任何回报"的样子。泪都干了，蜡也成灰了，自己都不快乐了，如何让学子快乐？原国家总督学柳斌说过：教育是最需要科学的领域，传授科学的过程不科学，学习科学的人就只能收获痛苦。所以，我们要想让学生爱学习，快乐的学习，我们首先要给自己一个定位，是做一名快乐的指挥官还是做一只会燃尽的蜡烛呢？

兴趣是最好的老师。课堂上学生能不能集中注意力、专心听老师讲授，关键在于是否诱发了学生的学习兴趣，特别是作为非主课的音乐课，兴趣更是学生学习的动力。所以面对一系列的问题：要快乐地学习，又不可以无忧无虑、没有负担地学习，又不可以不要教科书，想学什么就学什么。那我们怎么才能真正地做到快乐地学习呢？我根据自己在教学中的学习、探索，今天先谈谈在节奏训练中的一点收获。

德国著名音乐教育家——卡乐·奥乐夫创建的奥乐夫音乐教学体系是世界公认的成熟的一种音乐教学体系，它以音乐节奏为学习起点，它有严密的逻辑性和科学的发展观，可以引领任何一个阶层的人们快乐地学习音乐。

以往我课堂上不太注意训练学生的节奏，自从高效课堂教改以来，我主动思考、寻找音乐教学的新模式，和教研室杨静老师及同行尝试着、摸索着，虽然一直在失败中挣扎，但却收获很大、很充实。最让我满足的就是课前游戏互动，我尝试着加入了一些节奏训练，学生很感兴趣，效果很好，虽然耗时很多，但收益很大。最关键的是学生喜欢，在练习中学生体验到了成功的愉悦。

如接龙节奏练习法：教师规定创造 2/4 拍等节奏型，学生龙头接龙尾，自由快速创编节奏接龙游戏，速度慢者，罚其给节奏配词，接着再玩。

人名节奏练习法：把自己的名字计成不同拍节的节奏型，连说两遍，接龙进行。如"王珍｜王珍0｜"等反复练习。

身体四部节奏练习法：根据不同拍节的要求，设计出固定的节奏型，用身体的不同部位排击出来，反复练习。一部节奏拍手，二部节奏拍手、拍肩，三部节奏拍手、拍肩、拍腿，四部节奏拍手、拍肩、拍腿、跺脚。

"咚咚咚咚呛"地反复说，或加入打击乐器伴奏，下声部依节奏说歌词，上下声部合作练习。

在课改的路上摸索着前行，在奋斗中体验着收获的快乐，钱钟书先生说过："矛盾是智慧的代价。"所以只有智慧才会发现矛盾所在，而矛盾的解决会让我们产生无比的快乐，无论教者还是学者。就让我多多发现矛盾，从而获得更多的快乐。

有感于英语教材分析会

朱凌丽

3月15日，在殷都铁佛寺小学参加了全区的小学英语教材分析会。在会上，教研室王老师先把年前的各校教研组长整理汇编的英语"应知应会"模板进行了解读，让我们明白了它在现阶段的教育教学改革中的重要意义和作用。更重要的是让我们的一线老师在编制导学案、进行课堂教学时有了依据，既节省了时间，又能把大家的智慧运用到自己教学中，这种形式我想也是高效课堂在教研活动时的一种体现吧！

之后，李莎老师给大家讲了课题研究——《导学案的有效编制》方面的一些思考和建议。她从自己的听课调研和实地考察中发现了目前在我们编制和使用导学案的过程中存在的诸多问题。从编制导学案的目的和意义到每个环节的安排，闯关题目的设计和指导用语等都作了很精到、很具体的阐述和讲解，让教师们对导学案编制的认识有了深层次的提高。更重要的是在处理相关问题的方法上给予了具体的指导，使老师在编制导学案时更加注意科学性，导学性，实用性，趣味性，高效性等特点。

会上，区教体局副局长张宏敏的讲话更是给我们的教师们打了气、鼓了劲。她把目前我区高效课堂取得的成绩和发展前景做了如实的汇报，对在座的各位英语教师给予了很高评价，同时寄予了更多的期望。她希望我们每一位教师抓住机遇，发展自我，成就自我，成就每一个孩子，为殷都区的教育事业贡献力量。

会后，走在路上我一直在想。我们从开始对高校课堂的惧怕，到现在的坦然运用，逐渐地受到社会各界的认可，中间付出了很多艰辛和努力。看着在这期间积累的厚厚的导学案，看着孩子们越来越自信，越来越活泼，我们的信心会越来越强。

是啊，我们从事的这项事业是在"度人"，"度人"先"度己"，"度己"须从"度心"开始。让我们不断地审视自己的内心，做好自己的修行。我们的路还很长，我们还要面对更多的考验，但是我们会走好每一步！

背诵四法

王桂玲

小学语文课程标准中谈到要加强学生对语言文字的积累和运用，而背诵正是一种行之有效的积累语言文字的方法。

我认为背诵除了必要的"练"之外，还需要巧妙的"训"，即背诵要讲究一定的方法，要在理解课文内容、理清叙述顺序的基础上进行一定方法的指导，才能收到较好的效果。在指导学生背诵的过程中我认为如果采用以下方法，积累语言文字就变得简单多了。

〔难点突破法〕

如果背诵的内容难度较大，特别是一些内容较多的段落，可采用难点突破法，即先背诵难背的内容，再解决简单的。如《猫》一课第四自然段，开头和结尾较简单，背起来不难，中间部分句子较长，难背一些，在背诵时可先集中精力重点背中间部分，再背全段，这样就轻松多了。

〔连句成文法〕

在背诵的时候，教师可以寻找一些关联词语或重要的句子，让学生作为记忆的支撑点帮助背诵。如《桂林山水》这一课，在背诵第二、第三自然段时，先找出这两段中的句式"我看见过……，玩赏过……，却从没看见过……。""漓江的水真静啊,静的让你……;漓江的水真……啊,……漓江的水真……啊,……的让你……;"只要抓住了这个句式,就如同抓住了一根红线,辅助背诵,效果既佳,速度又快。

〔情境再现法〕

情境再现法即把所要背诵的内容通过朗读,引导学生展开丰富的想象,使其脑海中出现画面,提高记忆的办法。例如,在背诵美文《秋天的雨》第二、三、四、自然段时,作者列举了秋天的色彩、秋天的气味,秋天告诉小动物冬天要来了这三个方面,形象地写出了秋天雨的特点。这三个方面就像三个电影片段,生动活泼、有情有趣。在背诵时,我让学生闭上眼睛,想象秋天五颜六色的树叶、各色的水果,以及五彩缤纷的花朵,试着闻一闻梨的香、橘子的酸、苹果的甜等等各种香甜的气味,再加上一些不由自主地模仿小动物准备过冬时的动作,把抽象的东西变得直观形象,既提高了学生的学习兴趣,又降低了背诵的难度,起到了事半功倍的效果。虽然事隔多年,但至今这一教学片段仍在我脑海中历历在目。

〔抄写强化法〕

这种方法适用于一些短小、精彩的片段和古诗、名句。可以让学生通过抄写加强记忆。因为抄写时,手、眼、心等多种感官协同活动,将信息传递给大脑,在大脑皮层中留下较深的痕迹,同时抄写还可以使学生掌握一些难字的笔画与结构,便于下一步较准确的默写。如背诵《古诗三首》时,通过让学生采用抄写强化法,学生背诵、默写效果都不错。

以上背诵四法各有千秋,具体到每一课当中,方法应是灵活多样的,但它们都有一个共同的前提,即在理解的基础上背诵,才能达到最佳效果。怎么样,积累语言就这么简单吧!不妨试试。

关爱学生

郭振芳

著名教育家苏霍姆林斯基认为:"情感教育是全面发展教育的重要组成部分,它应贯穿于整个教育过程之中。爱学生就要了解学生。了解他们的爱好和才能,了解他们的个性特征,了解他们的精神世界……不了解孩子,不了解他的智力发展,他的思想、兴趣、爱好、才能、天赋、倾向,就谈不上教育。"

我班有个女同学,好表现,说大话,经常不做家庭作业,甚至还有小偷小摸的坏习惯。经过了解,我知道了她的家庭情况:父亲不务正业,以打牌为生,家里就靠母亲赚钱养家。家里没人关心他,自己想做就做,近期,父母又吵着离婚,更没人顾及她,所以作业由一次不做,到三次四次不做。我就单独与她交心谈心,鼓励她发奋学习来改变自己的命运,我说等将来考上大学走上工作岗位,能自食其力了,你就可以扬眉吐气了,到时让父母刮目相看。还让班里的同学帮助她学习,从此以后,这个女孩子再没有偷过别人的东西,性格变得开朗,乐于助人,热爱学习,成绩从下等上升至中等。我为她的变化感到无比欣慰。

真诚的爱可以像火山,暖化冰冷的心。她缺少的是亲情的关爱,我就给予她这种爱,用我的如母之爱温暖她冰冷的心,让她重展笑颜。上课了，她静静地坐好，我冲她赞许地一笑；当她犹豫地慢慢举起了手时，我对她投以鼓励的目光；当她工整地完成作业时，全班的掌声带给她成功的喜悦；当她犯了错误时，等待她的是老师宽容的面孔；当她……一次次心灵的接触，一次次发自母亲般的关爱，渐渐地，从她的脸上见到了难得的笑容，她开始变得开朗起来，同学们玩耍的身影中找到了她瘦弱的身姿。久而久之，我们师生之间已建立了深厚的感情。记得有几次在与我交谈中他竟无意中脱口而出称我为"妈妈"！几分耕耘，几分收获，从孩子的话语中得到回报，从家长的言谈中得到安慰。

看来，做一名关爱学生的教师，才能让学生敞开心扉跟你谈心，真正地成为他的好朋友，让他感受到集体的温暖，才会真正的进步。

班集体，是学生健康成长的一方沃土。我从来都是把班级看做是一个大家庭。为了优化班级管理、营造温馨和谐的家庭，我费尽了心思。首先，创设优化的管理环境，把学生从受教育者转化成一个自我教育者，突出了学生的中心地位，让学生做班级的主人。同时充分发挥学生主体作用，选拔一部分责任心强，有工作能力的同学担任班干部。这样，既减轻了班主任工作的负担，又锻炼了同学们的能力。在抓好班级管理的同时，我还不断开展寓教于乐、丰富多彩的文体活动，使学生的才华得到展示，集体自豪感得以增强，使每个学生都能感受到集体的自豪和家庭的温暖，这使我们的班集体拥有了和谐、团结、积极、向上的氛围。在大家的共同努力下，我们班各项活动均取得好成绩，如学校组织的各级比赛多次获一、二等奖。同学们都自豪地说："我们生活在一个多好的家庭中，我们爱我们的家。"

师爱又不同于父母的慈爱。师爱肩负着社会、家庭所托付的重任，必须是理智的、严格的。在我的从教经历中，因为我相信真诚的、科学的、严格的爱最终都能获得学生的理解。

让孩子们按自己的舞步跳舞。

反思中的反思

——听专家讲座有感

刘爱平

经过两天紧张的校本培训,我进一步体会到教育观念的重要性以及转变观念的紧迫性。姚文俊校长的主体性教育充分体现了:"一切为了学生,为了一切学生,为了学生的一切,做到关心、关注、尊重每一位学生。"使我不由地想到我国现代教育家陶行知倡导儿童六大解放:解放儿童的眼睛;解放儿童的头脑;解放儿童的双手;解放儿童的嘴;解放儿童的时间;解放儿童的空间。学生的心灵只有获得了充分的解放,才能成为一个真正"大写的人"。重新回顾品味现代教育先驱陶行知的倡导和专家们的精彩讲座。触动了我的心灵,给了我莫大的启迪,促使我重新从《教育学》《心理学》《走进新课程》等书籍中汲取营养。下面就校本培训和姚文俊校长的主体教育结合自己的多年教学实践,浅谈几点感受:

一、反思对学生的"爱"

学生是一个活生生的人,是发展中的人,是具有独立的人格的人,所以作为教师一定要尊重学生的人格,相信每一位学生都有成功的潜能,真心地去爱每一位学生。只有情感的激励,学生的学习才能具有很强的主动性。与同学们平等相处，和同学们交朋友，这是多位专家甚至报纸杂志上经常提到的。前些日子我从书中看到一些教学案例，说学困生因老师给予了真心的爱，使学困生有了实质性的进步。看到别人不由得比较自己平时的教育教学。近段时间一直在反思自己："自己是真心的爱学生吗？"我班有一位小女孩性格内向，从来不举手回答问题，成绩很差，在我印象中她常抱着数学书哭，她总是衣冠不整、脏兮兮地来上学，经常被别的同学耻笑。平时我很少关注她，从心理不愿理她。可是临近考试的时候，我才能想到学困生，那位被我遗忘的小女孩，才把自己的爱和关心分与这些学困生。而平时却忽视他们存在，尤其是那位小女孩，在我的心里她根本就不存在。我试着把爱分给她一点点，在学习上我对她采取了"降低起点、多设台阶、及时反馈、勤于矫正"的办法，从基础一步一步地帮助她。有一次我不经意的一句话，给予这位女孩很大的激励，她在数学书上写了三个大字"我要学"拿过来让我看，觉得心里阵阵酸痛，"孩子，老师平时对你的关心不够，相信老师以后会像对待优秀学生一样对待你。"一次次对她的激励，使这位学生树立了积极的自我观念。功夫不负有心人，她在期末获得了满分的成绩。再看到她时，她脸上充满了自信，终于露出了笑容。只要老师能真正的用心去关爱每一位学生一定会收到预想不到的效果。

二、回顾自己的课堂

听了专家的讲座，使我不由得想到这样一句话：中国的孩子越教越没问题，外国的孩子越教问题越多，我们的孩子是不会发现问题还是老师讲得太透彻了？难道是教师不会引导学生，不鼓励学生大胆质疑？还是学生的主体性没有得以充分体现？学生的天性教学没有得到淋漓尽致的发挥等等诸多问题。带着这些问题反思自己平时教学，自己犯了一个极大的错误，忽视了学生的差异性。抓一批优秀学生，放一批学困生，往往优秀学生"吃好"了而学困生还没能"吃完"。常言道：寸有所长，尺有所短，月有圆缺，学有迟速。在以后教学过程中一定要面向全体学生。给每一位学生创造成才的机会，抓住每个学生闪光点极力发展学生的某种特长。结合学生的个性差异。在以后的教育教学中做到让优秀学生"吃饱"，中等生"吃好"，学困生"吃得了"。

通过这次培训，让我对自己的教育教学进行了认真的反思，也使我坚信，用成功的体验激励学生，用真诚的爱关心学生是最有效的教育方法之一。

高效课堂，想说爱你也不是不容易

范俊玲

看着现在的我们的高效课堂，可以说是我们老师上得得心应手，学生学得激情盎然，可谓如鱼得水。不过我们现在仅仅是由"临帖"到"破帖"的阶段，虽然是"破帖"没多长时间，但我感觉我们老师已冲破以前的牢笼或藩篱到"柳暗花明又一村"的境界了，回过头来看看我们走过的路，不觉感慨万千，虽然辛苦但很值得，因为我们收获颇丰。

回忆全区刚开始实施高效课堂时，老师不忍心放下以往历经了多少年的教学形式去让孩子讲，心中不免生出种种疑虑：他们能学会吗？成绩下降了怎么办？不过质疑是质疑，新生事物在出现之前总会遇到重重障碍的，尽管我们心里不怎么愿意实施高效课堂，但又一想区里领导对教育事业的投资这么大，他们大胆引进，勇于创新，我们怎能辜负区领导的一番好意呢？先试试再说。经过紧张的学习实践，包括小组文化建设，导学案的编制，小组长的培养等等一系列工作的付出，我发现孩子们其实很喜欢这样的课堂，他们学得很积极，也很感兴趣，这种课堂大大调动了他们的学习积极性，你看他们在课堂上讨论得热烈呀！甚至有时会因为一个问题争得面红耳赤，会因为一分而抗衡，哪个组也不甘落后，就连平时不大爱发言的同学现在也为了给自己组争分而积极踊跃地表现自己，老师也尝到了高效课堂的甜头，现在才知道：想说爱你也不是不容易！

花落无痕

——《母鸡》课堂教学反思

黄晓娟

坚信自己是性情中人，所以钟爱情感丰富的文章。

随着年龄的增长，尤其是有了自己的女儿后，我对母爱的伟大体会得更加深刻。当我看到《母鸡》这篇课文后，就下定决心要让我班的孩子们在我的引领下，也能深刻地体会到母爱的无私与厚重，并且学会感恩。

我认真钻研教材，认真备课，教案写了三稿，最后才定了下来。无数次设想课堂教学情境，无数次想象孩子们的反应。怀着一种期盼，同时我也相信：我的54名孩子，一定也是一群情感相当丰富的、懂得感恩的孩子。

终于到了上课的时候，学校领导、教师、实习生等将近20人来到了我班。开始上课了，学文阶段孩子们学得很认真，教学目标都落实了。到了悟情阶段，要避免生硬的说教，否则就不会有太大的作用。于是我发挥了我的朗诵优势，首先动情地朗读《血奶》深深地抓住了孩子们的心。《血奶》写的是一个女人和她两个月大的孩子在暴雨中被压在一座破庙下。四天四夜后，人们清理废墟时惊奇地发现：孩子还活着，孩子的口中吮吸着妈妈的手指，妈妈的每个手指头都结着血痂，原来孩子靠吮吸母亲的血液才活了下来。这是一种多么惊天动地的母爱！一定要通过我的朗读给孩子们一种震撼！果然，从那 54 双浸满泪水的眼中，我读懂了孩子们此时的感受。毕竟，这种惊天动地的母爱离孩子们太远，我于是联系实际继续升华情感。我想到小时候，身为校长的妈妈连夜为我赶做棉鞋的事。那是真实的故事，我讲得很动情。优美轻柔的音乐声响了起来，不用太多的语言，音乐是最能渲染情绪的。几乎全班孩子的眼圈都红了，一些孩子泣不成声。他们在回味与母亲相处时的那点点滴滴，心灵在接受着洗礼。几个孩子站起来，他们说出了一个个令他们一生都难以忘怀的瞬间：妈妈深夜带自己上医院，给自己穿得很厚，妈妈却穿着单衣；妈妈替自己挡了一下摩托车，结果妈妈被撞倒后骨折；妈妈有病不愿吃饭，却带病为自己做饭；妈妈穿着旧鞋，却给自己买新鞋……多懂事的孩子们呀，他们已经学会了感恩，认识到了母亲对自己悄无声息的关怀也是那么的伟大！看到这样一群可爱的孩子，我备课的疲劳一扫而光。

这是人事间最美丽的境界！

花落而无痕！

教师能力与课堂生成

平留社

"改革不是坐而论道,更不是回避问题。在这个实施的过程中,我们可能会碰到许多的问题。但是,我相信,在这个发现问题并积极解决问题的过程中,我们对高效课堂的实施会一天天得到推进,我们自己的高效课堂也会越来越有自己的特色。"这是李炳亭先生说过的话。

随着高效课堂的推进,作为一线教师的我,结合自己的教学实践,越来越发现教师能力与课堂生成的关系很密切。因为我们天天面对这样的课堂,在这样的课堂上,学生是主角,他们在学、在讲、在实践、在总结。但是,如果你认为高效课堂就是学生完全自己在学,那就错了。实际上,真正驾驭课堂的还是老师,在这样的课堂中老师是什么呢?

如果学生是大海里航行的轮船,那老师就是给他们助力的帆。如果学生是帆,那老师就是给他们指引方向的罗盘。如果学生是罗盘,那老师就是他们目标的设定者。只有这样,他们前进起来才能有动力,有方向,有目标,有收获。这就需要老师要有一定的高度和深度,要有凌驾于课本之上的能力。这样,你的思考才能站得更高,看得更深刻。当学生在展示的过程中,可能需要你画龙点睛的一句话,引起学生的新发现、新思考。有时也可能是你的一点关键的提醒，就会让学生发现方法和规律，能有他们自己的感悟和收获。他们的这种获得要比老师直接给予有意义得多。假如教师缺乏这种临场应变的能力，很难会有真正的课堂生成。这个时候，我们老师就是一个授"渔"者，而不是一个授"鱼"者。当这样的老师在关注课堂上学生的展示时，在这个穿针引线的过程中，课堂上自然而然会出现一些有效生成，或是预设的、或是即时的，无论哪种生成都是追求的有效的生成，而不是漫无边际、脱离主题的生成。我想：随着高校课堂的深入与不断实践，我们会不断地发现问题，不断地解决问题，相信每位老师的高校课堂也都能上出自己的特色。

高效课堂心得体会

李书苹

经过学习,我认识到高新课堂的重要性。构建高效课堂是我们每一位教师毕生都要研究的课题,把老师和学生都从题海和加课中解放出来,让教师快乐地教,让学生快乐地学。那么,在教学中如何来提高课堂的有效性呢?通过反思自己平时在教学中存在的一些问题,我认为应该从以下几个方面去努力:

第一,改变教学观念和教学方式。消除由于教师讲得过多、学生参与过少而导致的靠大量课后作业来完成教学任务的问题,逐步解决忽视学生情感、态度、价值观目标实现的问题。

第二,积极参加培训。反思自己的教学,发现自己在很多情况下,对课标与课本的学习与研究还不足,影响了课堂教学的效率。因此,我积极参加学校组织的各种培训,努力提升自己的业务水平。

第三,认真备课,尤其要认真备学生。平时自己在备课时,只习惯于备教学内容,而忽视备学生。试想如果不去研究学生对所教内容的掌握情况,不去研究学生的个体差异,一切从本本出发,课堂教学的适切性就会大打折扣,课堂教学的高效更无从谈起。

第四，认真研究和设计好课堂提问。在真实、常态的课堂教学中，经常发现自己所提的问题本身就有问题，无效问题、假问题、无价值问题充斥课堂，这样的提问耽误了学生宝贵的课堂学习时间，也影响了课堂教学效率的提高。因此，今后要高效地完成课堂教学任务，就必须注重对课堂提问的研究，所提的问题必须是有价值的、有启发性的、有一定难度的，整个课堂的问题设计必须遵循循序渐进的原则。

第五，加强对课堂节奏的把握和管理。课堂上，有时给学生提出问题，学生还没来得及思考，就马上要求其回答，这样不仅浪费了学生课堂思考的时间，而且有效性很差。这种形式主义的教学方式使无效劳动充斥课堂，严重影响了课堂教学的效率。有时让学生阅读课文、讨论、交流、做巩固练习等，不提任何时间和标准的要求，学生漫无目的地阅读与交流，课堂组织松散，时间利用率低。有时只对学生提出比较笼统的要求，学生不明白教师要他们干什么和要他们怎么干，这样，学生就失去了教师的有效指导。因此，要给学生一定的思考时间和思维空间，要减少"讲与听"，增加"说与做"，尝试"教与评"。

除此之外，教学调控要灵活，就是教师要善于激发学生的学习兴趣。课堂上，我们应该把更多的精彩留给学生。要努力缩短学生与老师，学生与教材内容的距离，使他们从心底爱上这门课。还应该充分利用教材、图片、实物及学生情感体验来发展学生的思维，增加学生的想象力。

因此，我们必须立足于学生，让学生积极参与学习，实现有效的、多向的、高质量的互动，从而达到优质高效的课堂教学这一最终目标。

评价对孩子的影响

李颖颖

一年以来,我们中年级语文组一直围绕自己的研究课题"高效课堂背景下对小学生评价方式的研究"进行探索、实践。如何科学、有效地使用评价?如何使孩子们在评价的激励下快乐地学习?一直以来是我们非常重视的问题。然而,我们对于评价的理解,常常停留在"你真棒""你真能干""你进步了"等一些简单的评价语,或是奖励一朵小红花、几朵小星星上的简单行为方式之中。效果不是特别好的。我也一直在阅读有关评价的书籍、资料,并且在自己的课堂上进行研究,下面谈谈我的一些想法和做法。

一、评价以奖励为主,激发兴趣

上个学期,我想什么奖励对孩子有兴趣呢?我调查了一下,发个红花、盖个大拇指学生已经司空见惯了。那怎么办?我尝试着发糖果、发小豆豆、发本子等。好一点了,但是也有问题。学生一吃一扔,或把本一放,就一会儿高兴。最关键的是这样养成的习惯不好。从培养角度来看,容易让孩子养成为获得物质奖励而做事的习惯。从奖励的效果来看,有效性是值得怀疑的。如果教师哪一次忽略了对孩子的奖励,孩子们觉得没有像以往一样获得物质奖励,就会产生惰性或不满,觉得自己付出的努力没有回报,以后他们就不会主动参与活动了。该怎么办?奖什么?我一直在想,也一直在变。不过,我坚持以奖励为主,来调动孩子的积极性。

二、评价要讲究时机和方式

在课堂活动中,同学们都在认真地倾听、积极地展示,可总有个别学生走神,思想不集中。我通常停止正在进行的活动,适时地说一句:"某某同学(某某小组)听得可认真啦,老师要给他们组加分。"顿时,教室里开始安静下来,所有孩子的注意力全都转移到各小组的评分栏了。评价确实是最好的武器呀!

又到了社团活动的时间,我让带跳绳的同学先去练习。可有几个学生忘记带了,有的显得还不屑:"哼,不练就不练,跳绳有什么好练的?"针对这种情况,我先表扬了带跳绳的同学,还参与到他们的活动中,和他们一起跳跃。然后让他们和在旁边观看的同学结对,这样,刚才的表扬、活动起作用了,大家都乐意让他们参加了。不难看出,评价要讲究时机和方式。

当所有的孩子都专注投入到知识闯关、展示、各项活动时,有个别学生没有参与时,教师要及时发挥作用,及时评价,及时调控。其实,一句鼓励的话语、一个温暖的微笑、一个肯定的眼神、一个简单的动作,都可以起到很好的激励作用,关键在于在恰当的时机用恰当的评价语来实施激励。

三、评价要注重多样性

单一方式的表扬容易使孩子产生厌倦的心理,从而对表扬持一种无所谓的态度。其实,评价的方式有很多:有当众的,我经常鼓励孩子,自信是成功的第一步;有个别的,发个小奖品。有口头的,我经常挂在嘴边"你的表现真让我高兴!""啊,真是太好了,你真是一个爱劳动的好孩子！"……有书面的，把他们的作品挂在教室里，如写字作品、书画作品。好作文还发到网上交流；还有点头、微笑、竖大拇指等体态语言。物质奖励也经常有所变化，不总是红花、小贴纸等；对每个孩子的物质奖励也有所不同，每次依据每个孩子最迫切的需要来选择。如：有的孩子非常乐意帮老师和同学做事情，那就奖励他（她）当小组长，专门为大家服务；有的孩子很喜欢看图书，就考虑奖励一本图书。这样孩子才会感到由衷的高兴。

　　如何评价才能让孩子更优秀？怎样评价才不会在孩子心中留下阴影？作为一名教师我经常思考。事实上，每个孩子都是独一无二的，良好的评价将对他们的一生产生深远的影响。我想无论何时何地，都应该尊重儿童、信任儿童、理解儿童，这样的评价方式才是科学的、有效的，才是有利于孩子全面、健康发展的。

让学生感觉到你的爱

杨 凯

一项调查显示，95％的教师都说自己爱学生，但 90％的学生却认为教师不爱他们，这对教师来说肯定是有点儿冤枉。大部分教师只是爱得不得法，他们对那些所谓不够理想的孩子怀着恨铁不成钢的心态，以为只要出发点是好的就行了，方法上就很少考虑。于是，简单粗暴甚至于错把体罚和变相体罚都认为是"为了孩子好"，他们不懂得"钢"不是"恨"出来的道理，又使不出来其他的招数，只是叹息现在的孩子难教。这里且不说教师原先的感情受到了很大的伤害，而且还会影响教师的师德修养——一个教师的师德修养岂能不包括他的能力呢？

重视课堂教学，通过教研、培训、教学竞赛等各种手段提高教师的教学能力，作为教师专业化水平的重要内容，体现了教师职业道德的具体要求，已经在很大程度上达成共识。现在的问题是很少有学校考虑到要把提高教师的育德能力也纳入教师专业化发展的要素之中。不是吗？为了提高外语教师的专业水平和执教能力可以花大本钱送他们出国进修，但同时又有多少人为他们的育德能力操心呢？

教师的育德能力反映在两个方面：首先，教师每天都在用自己的言行影响着学生，学生最好的榜样是教师。德育最大的魅力来自于教师的人格力量。在这里，教师育德能力已和教师的师德要求达到了高度的统一。其次，任课教师利用所教学科的特点。课堂不只是学知识的场所，而且是育人的主要渠道。因为"育人，还是育分"的提示是每一个教师都必须回答的。

爱岗敬业不能只是一句空话，只有在教育的能力中才能得到兑现。师德师爱不能只是一种热情，只有在教育的能力中才能得到传递。

献课使我成长

李颖颖

这段时间，为了进一步推进主体多元教育思想、深化高效课堂"双向五环"模式，学校语文组开展了献课活动。通过"上课、听课、评课"等日常活动，使教师们相互沟通，相互交流，发现自己或别人在导学案设计中、在高效课堂上的优缺点，取长补短，达到共同进步、共同提高的目的。我们四年级语文组也积极参与，认真准备。

为了上好《尊严》这节展示提升课，我花了很多时间。先是钻研教材、教参，通读一遍，然后在书上批注出课文的重难点。接着是设计导学案，先照学校要求的基本模式构思，第一课时是自学探究课，"知识闯关探新知"，分四关：一关扫字词，二关知大意，三关细品味，四关有提升。第二课时是我备课的重要部分，主要是学生展示。在参考了组内其他语文教师的意见后，我确定了展示任务。一展是知识树，展示课文的脉络或主要内容。二展是通过感受年轻人外貌、语言、动作的句子，体会什么是尊严。三展是课本剧演一演，通过角色扮演，刻画人物形象。四展是朗读PK秀，通过感情朗读，小组挑战赛，感悟思想感情。五展是课外拓展，讲一讲有关尊严的小故事或做人的格言。最后我还安排了检测的内容。导学案审查过关了，我又准备下面的工作，主要是学生方面的。看看学生预习的情况，特别是读课文的情况，再看看孩子们收集的资料，合不合适，重复不重复，有没有深意等。最后当当导演，看看孩子们的小剧本，个别地方再指导一下。我忙得就像热锅上的蚂蚁，上网查资料，看教学设计，看导入，看习题检测等。

献课开始了，我先去听其他语文组的课，感觉要学的东西太多了，比如聚焦问题，比如点评问题，比如板书问题……我一边听，一边记，一边在自己的课堂上巩固深化。没过几天，轮到我们年级了。我走上了自己的舞台，比着葫芦画瓢。还好，学生在展示课上积极主动，按时完成了任务。我总算松了一口气。不过，我最想听的是同事们的点评。

本周的教研活动主要是评课。我带了纸和笔，把大家的点评记录了下来。优点主要有：1. 能精心地设计导学案，特别是"品味尊严""咀嚼尊严"部分。2. 课型流程清晰，能按要求板书四要素，课题、课型、流程、时间预设。3. 常规建设较好，交流时起立、聚焦迅速、有点评。4. 和研究课题吻合，注重评价。

不足的地方主要有：1. 学生点评只关注形式，总是声音小、姿势不准确、哪个字（词）说错了，教师应及时点拨，引到重点上。2. 在导学案的编制上，问题不能设计得太大了，如"尊严是什么？"应分解成小问题，抓住哈默的个人形象和沃尔逊大叔的语言、动作来体会。3. 在钻研教材上下工夫，注意抓点。再细化一些。4. 学生的板书还需要再指导，既要布局合理，又要美观大方。

通过这次活动，我明白了很多，也进一步坚定了信念，学生是课堂的主人，课堂是知识的超市。只有不断学习，不断研究，不断改进，才能成功。我衷心地希望孩子们快乐地学习、健康地成长！

怎样使用学案

宋红伟

1. 结合学案课前预习

一般是提前一天把学案发给学生，让学生有充分的时间通自学。教师在学生自学过程中应进行适当辅导，使学生较好地掌握教学内容，培养学生的自学能力。

2. 小组互助解决问题

这一环节主要是解决学生在预习过程中的疑问。讨论交流在学生自学的基础上，教师应组织学生讨论学案中的有关问题，对一些简单，易懂的内容教师只需一带而过，而教学中的重点、难点问题则应引导学生展开讨论交流，达成共识。而学生在讨论中不能解决或存在的共性问题，教师应及时汇总，以便在精讲释疑时帮助学生解决。值得注意的是，在学生讨论交流过程中，教师应积极引导学生紧扣教材，学案，针对学案中的问题展开讨论交流，避免草草了事或形式主义，最大限度地提高课堂教学效率。

3. 精讲点拨解难释疑

一是点拨，在学生相互讨论解决疑点的过程中教师应参与其中，适时点拨；

二是精讲，对于难度较大的倾向性问题，在学生渴望释疑的心理状态下，教师应针对疑难点，快速确定讲的内容，抓住要害，讲清思路，明晰事理，并以问题为案例，由个别问题上升到一般规律，以起到触类旁通的教学效果。

4. 达标训练补偿矫正

教师应设计一定的达标练习，起到查漏补缺的作用。这是学案导学的最后一个环节。练习的设计应紧扣本节课的教学内容和能力培养目标及学生的认知水平进行，在练习问题设计时，应注意多设疑，在无疑—有疑—无疑的过程中，使学生由未知到有知，由浅入深，由表入里，由此入彼地掌握知识，增强学习能力。对高中不同年级的学生练习的侧重点应有所不同。低年级的学生应侧重基础知识的掌握，而高年级学生应把侧重点放在能力的培养上。练习题要求学生当堂完成，让学生通过练习既能消化、巩固知识，又能为教师提供直接的反馈，以便对练习中出现的问题应及时发现，给予指正，做出正确的评价。讲评时应把重点放在学生学习的难点上，根据练习情况及时调整教学目标，教学进度，教学方法，做到有的放矢。

5. 巩固总结反思领悟

指导学生对本课的学习内容、学习活动进行总结反思。可提示学生：想一想，本课学习了哪些内容，主要探究了哪些问题？通过本课学习得到哪些启示，还有哪些疑问？可将启示、疑问在学案上写下来，或者当堂交流，或者在课后请教老师、咨询同学。长期坚持这样做，能够逐步引领学生形成反思性学习的良好习惯。

古诗词三首——《渔歌子》教后反思

王桂玲

五月份我参加了殷都区"百课大赛"活动,在此次活动中我执教的是小学语文四年级下册第 23 课古诗词三首——《渔歌子》。通过执教本节课使我对高效课堂又有了新的认识和收获。

制定导学案,方法指导不能忘。

导学案是学生学习的方向盘、线路图。因此,导学案的制定很大程度上决定了一节课的成败。以往制定导学案,我把学习步骤、学习内容作为主攻方向进行精心制作。在使用过程中,我发现一些教学重难点,特别是难点,学生根本解决不了,老师只好亲自上阵,不断讲解,很大程度上,课堂又成了老师滔滔不绝的讲堂。是不是除了教师讲没有好方法了。如《渔歌子》这首词,理解大意时,其实方法很简单,就是把词句的意思理解后,串联起来就行了。就这样一部分学生也不知道,那我可不可以把理解诗词的意思的方法写在导学案右边,用"小方法"的形式直接告诉学生呢?说干就干,当导学案制定出来后,很令人满意。右边的一栏里,针对学习的重难点,我用云朵的形式写出了突出重点的

"小方法""小窍门"用来指导学生理解词意、体会情感，有感情地朗读，结果与我预想的一样。上课时，由于导学案制定的既精炼又有方法指导，学生学习起来轻松又高效，同时也有效地解决了课堂延时的现象，受到了专家的好评。

突出细节，该出手时就出手。

虽然执教这节课受到好评，但还是留下了一些小小的遗憾，在学生展示环节，理解诗意时，"小老师"王梦阳认真地给大家讲解着"斜风细雨不须归"的意思是……"请问大家还有什么不懂的问题吗？"当王梦阳向"学生"们询问时，教室一阵沉默，突然听课的教研员陈合芹老师举手说："我有一个问题，'不须归'的'须'是什么意思？"我一愣，随后不由得赞叹："提得好！""须"既是理解这句诗的难点，又是重点，一字通，整句通，一个"须"字，也表达了诗人对美景的留恋，为下文体会作者情感作了铺垫。陈老师提得太妙了，这就是教育的机智，这就是教师精彩的引导点拨，我怎么没想到呢？这点小遗憾，我会牢记在心关注细节，教师该出手时就出手。

一念之间

张美霞

一念之间是佛教用语，亦是直指人心，最为切要的一句话。我们在世间生活，是好是坏？是善是恶？是福是祸？是贵是贱？都在一念之间。一念之间，天堂变地狱；一念之间，立地成佛；一念之间，上穷碧落下黄泉。一念私我，画地自限；一念为众，有许多意想不到的福德因缘。

这几天是学生订阅队报队刊的时间。周四下午前两节是习作课，我准备让学生做一下第四单元的检测题，好利用周六、周日改一改。我抱着试卷，顺便拿着班务本，准备在班里读读这两天订阅队报队刊的学生的名字，以防落了谁的名字，也怕学生带着钱丢了，趁着考试的机会先收一收。

谁知怕什么来什么，正收钱时，一个女学生跑到我跟前说："老师，我订杂志的56元钱丢了。"什么？钱丢了？我的心立刻提到了嗓子眼。"你的钱在哪儿放着了？怎么丢了？""我的钱在一个小袋子里放着，就放在我的桌子上，刚才发杂志的时候我忘了收拾起来，你收钱的时候我才想起来。""你们看到她放钱的小包了吗？""我看到了，我以为是小培的，我就给他了。"小培赶紧说："我说不是我的，就又放在桌子上了。但是什么时候不见了,我就不知道了。"得,成了无头案了。这就是当班主任的难处,既得教文化课,又得时刻包公断案,有时候还断不清案。可今天这可是大案呀!"你们小组小对子互相检查一下书包和口袋。"检查的结果一无所获。

这时,刚才倒垃圾的小波站起来说:"老师,我倒垃圾回来看到后面灰兜里有个小包心急的学生立刻跑到那里,拿起小包就喊:"老师,就是这个小包,可是里面的钱不见了。"看来,找到小包也就找到钱了。"这个小包是谁丢的?"没有人回答,"谁看见有人丢这个小包了?"还是没有人回答。"没有人扔,难道小包自己跑到后面了吗?"除了几个学生小声发笑外,还是没人说话。怎么办?难道是领杂志的学生顺手牵羊?想到这,我也不理智了。"不想考试了?"我一个个问领杂志的学生,是第几个领杂志的,领的时候有没有看到小包。只要问道最后一个看到小包的,就可以断定是谁拿走了小包。结果,还是没有一点线索。难道就这样不了了之?不行。如果今天破不了案,不光对丢钱的小宁造成一顿皮肉之苦,最严重的是拿钱的学生今天尝到了甜头,以后一定会变本加厉。此时,我真成了热锅上的蚂蚁了。接着,我让所有领杂志的学生站到教室外,问教室里学生当时在干什么,他们一个个很无辜地说自己没看见小包,也没有注意别人在干什么。问教室外面的学生,也是毫无头绪。

"今天找不到钱,谁也别出教室的门一步,放学也不许走。"撂下这样一句话,我无奈地到办公室去找老教师取经。有的说:"你现在啥也别干了,赶紧开班会,进行思想教育。"有的说:"让同学们课下监督,看这两天谁花钱大手大脚。"是开班会进行思想教育,还是让学生课下监督呢?正在我犹豫的时候,喇叭里广播下了第二节课全体学生下楼集合。怎么办,马上就下课了,开班会也来不及了。何不学学察言观色呢?我从古代的"乐羊子捐金"讲起,到现在的拾金不昧的典型事例,还有小宁回家后可能被家长打一顿的结局。一边讲,一边看学生的面部表情,希望找到害怕、心虚的学生，可是没有一个学生流露出来。突然，我的脑海里浮现出一个断案的典故。我说："现在，老师再给这个同学最后一次机会，看他能否抓住这次机会。如果要是执迷不悟被老师查出来，那后果可是严重的，到时候哭鼻子也不管用。全体同学到走廊上，背朝教室，从前门进，从后门出，出来一个进去一个。拿钱的学生，把钱放到小宁能找到的地方。"当最后一个学生出来后，我悄悄地对小宁说："你现在进教室去找找看。"几分钟后，小宁笑着跑过来，"老师，我找着钱了。"我连忙说："小声点，不许向别人说。"她懂事地点点头。我也长长地松了一口气。不仅为小宁找到了钱，更为拿钱的孩子能珍惜机会而高兴。

"人之初，性本善"，好与坏，往往就在一念之间。今天，我挽救了一个孩子，虽然我不知道这个孩子是谁。

充分自学后的小组合作更有效

《高效课堂背景下低年级小组合作研究》课题札记

黄晓娟

本着"问题即课题、实践即研究、发展即成果"的原则，结合高效课堂建设中低年级教学中确实存在的小组建设问题，我主持申报了一个区级课题《高效课堂背景下低年级小组合作研究》，被区教科所评为了重点课题。

知道课题申评的结果后，我们课题组的全体成员非常高兴。但是高兴过后，大家开始冷静地思考。二年级孩子才刚刚入学一年，他们能真正有效地进行小组合作学习吗？小组长恐怕还自顾不暇呢，能管理好小组吗？虽然如此，大家还是开始了积极地研究和实践。经过一个学期的探索，我们自己认为在以下几个方面取得了阶段性的进展，有了初步的成效。

一、授之有法，充分自学，扎实有效

小组合作学习时最突出的一个问题是流于形式，只是为了小组合作而小组合作，而不是为了达到学习知识的目的而合作。只有形式，没有实质。这一点在低年级课堂上尤为突出。孩子们年纪小，对学习的内涵

认识不够，他们往往只是喜好小组交流时的热闹，而对于自己应该怎样学和应该学会什么不太清楚，或者说是贪图课堂的热闹而把学习的任务抛到了脑后。

针对以上这些问题，我们课题组认为主要原因是：孩子们不会学习，没有掌握小组合作学习的方法，因而才会出现热热闹闹地伪学习状态。首先，我们课题组成员在上课伊始让学生明确学习目标之后，教师使用双色笔解读学习目标，让孩子们进一步了解自己本节课应该学会什么内容。然后经过集智备课，我们总结出了适合低年级孩子们的识字、写字学习方法：三步读书法、四步写字法。

三步读书法：第一步，自己先把每课彩色树叶上的生字带拼音认真读两遍，然后把生字宝宝送到课文里，自己认真地把课文大声读一遍，要读正确；第二步，与结对的小朋友一起把课文读一遍，要读正确、不丢字、不多字；第三步，小组长带领大家一起读一遍课文，可以齐读、可以分段读，要读正确、流利，读完以后说说自己知道了什么。

四步写字法：第一步，认真观察书上印刷的黑字；第二步，认真描红色的字；第三步，自己要写出最漂亮的字；第四步，写完后与书上印刷的黑字进行比较，看自己写的字是否工整、规范。概括讲就是：一看黑、二描红、三自己写、四比较。

老师在孩子们的学习过程中要认真、及时地查学情，要求孩子们必须一步一步地进行学习，不能跳过任何一步。没有充分地自学，小组合作学习就流于形式。所以，我们课题组成员很注重强调孩子们充分自学后再开始对学、群学，而且用小组评价来督促、引导孩子们扎实有效地学习。

高效课堂建设中的小组展示是重点也是难点，是最出彩、同时也是最容易无序的环节。小组长的作用是至关重要的，他像一位小老师，要带领组员进行学习、展示，要进行组内分工，要进行预展，小组展示的成败可以说很大程度上取决于组长。我们课题组成员很注重小组长的选拔与培训，从展示的导语、衔接、流程、组内分工、点评、展示时间等进行规范，教给孩子展示方法。孩子们成长得很快，别看他们年龄小，展示时像模像样，展示环节紧凑、有序。

二、贯穿口令，规范常规，培养习惯

为了进一步规范孩子们的课堂常规，结合孩子们的年龄特点，我们的课堂从始至终地贯穿着各种小口令。如聚焦时，小组长说："请大家把目光聚焦我们组，三——"，其他孩子说："二、一"，三秒聚焦完毕。小组长还可以说："大眼睛——"其他孩子说："看老师——"展示的孩子带领大家写生字的笔顺时，可以说："请大家跟我来写字，小手指——"其他孩子说："翘起来，跟着老师来写字。"展示的孩子请大家认真听时，可以说："小耳朵——"其他孩子说："听仔细。"

诸如此类小口令，还有很多，主要是考虑到低年级孩子容易接受，有趣味性，可以潜移默化地规范孩子们的课堂。

来自心灵深处的呐喊

《一个中国孩子的呼声》教学反思

黄晓娟

对于我来说，这是一节极富有挑战性的语文教学。

"战争"这个词语，离处于和平年代的人们来说非常遥远。像我这个年龄的人，对于战争的认识还只是从电影片中得到的。同样，对于现在的孩子们来说，则更是难以理解、难以想象、难以体会的。

我之所以选择《一个中国孩子的呼声》这篇课文进行教学汇报，主要是能进一步结合好、落实好、体现好我校国家"十一·五"实验课题《以情趣促小学生主体多元和谐发展》的理念。同时，也想挑战自我的教学能力、丰富自己的教学经验、促进自己教学水平的提高。

本节课结束后，我及时反思了自己的课堂教学。我觉得最成功之处是引领孩子们对于"战争"的情感的体验、渲染、升华，"三步三阶梯"，经过三个梯度来逐步完成感情的内化、外放。

第一个梯度：通过叙述孩子们对爸爸的想念，唤起对爸爸牺牲的悲痛之情。我设计了一个问题，让孩子们从书中找到爸爸是个什么样的人。孩子们找得很快，"爸爸是个经济学硕士""爸爸精通四国语言""爸爸是个卓越的军事观察员""爸爸是个慈爱的父亲"。孩子们此时对于爸爸的感情是自豪、崇拜、崇敬、想念。这时一个问题使孩子们的情感急转直下:"雷利等来的是什么,是冰冷的、躺在灵柩里的爸爸。"是什么,是谁导致了这一切的发生?此时的情感自然进入第二个梯度。

第二个梯度:唤起孩子们对于战争的痛恨之情。我引领孩子们查找雷利失去父亲的原因,很快孩子们就说出是因为战争。但是"战争"对于孩子们是个什么概念,他们没有很深的理解。孩子们课前收集的资料可帮了大忙。张悦打印了几张有关阿富汗、伊朗、伊拉克等现代战争的彩色图片,有战争场面、妇女孩子的悲惨生活、老人流浪街头乞讨、断壁残垣、伤兵成堆等。孩子们此时对于战争的痛恨之情,自然而发。

第三个梯度:呼吁世界和平,发出制止战争的呐喊。战争如此可恶,为了让更多老人不再失去儿女,妻子不再失去丈夫,孩子不再失去父母,只有制止战争。孩子们的正义感油然而生,内心深处的呐喊喷涌而出——要和平,不要战争!

相信通过今天的教学,孩子们对于战争必定会有一个全新的概念——抽象变为具象,空泛变为实在,文字变为真情。

让战争远离我们的地球吧!

一"叶"精彩

——听课有感

刘建霞

一片树叶，一份精彩。本年度的市语文优质课大赛在滑县举行，通过三十多节精彩的美味大餐，给我们展现的是实实在在的语文课，立意新，课堂活。我特别欣赏几位老师的课堂语言，现将我的感受粗浅地谈一下：

我认为她们的教学之所以是成功的，精彩的语言也起着重要的作用。首先，他们的语言准确无误，夸而有节，饶而不诬，善于用最恰当的语言表达情意，干净利落。其次，语言生动形象，情感真挚，善于启发，过渡语层层递进。如阮老师在讲解"劝君更尽一杯酒，西出阳关无故人"这两句诗时，先出示课件，在音响、画面的陪同下帮助学生追忆王维和元二在一起相知相伴的日子，写下来之后再交流。此时学生已经被他们的情谊难舍难分有所触动，阮老师就让学生"带着自己理解的这份情谊，再读这两句诗"。她顺势沿着学生的这根弦又启发道："离别之际，纵有千言万语也难以表达此时的心情，以酒寄情，唯有举杯，举杯，再举杯。同学们这是怎样的一杯酒？""伤心的，豪情的，难忘的，离别的，心如刀绞的……""好，带着这份豪情读出这是一杯伤心的酒"，生自读；"这是一杯难忘的酒"，指名读；"这是一杯心如刀绞的酒"，生齐读。就这样在老师的引导下，激情的火花一次次的被碰撞出来，情感最终达到高潮。学生与文本产生了共鸣，自然对这句诗的理解也就深刻了，达到了教学的目的。第三，语言有文采有美感，激励语中也教给学生一些学习方法。如：倾听也是一种学习能力，会欣赏的孩子就是会学习的孩子，我们要学会用两只眼睛看书，一只看它的表面，一只看它的背后等等。一节节精彩的语文课，如泉水叮咚，如波涛汹涌，如甘露，如轻风，借其音乐的韵味，打动学生的心弦，激发学生的情感，陶冶学生的心灵。

归来之时我一直在想，作为教师我们应该锤炼自己的教学语言，精心设计导语，巧妙连接过渡语，自然应对课堂生成语，让学生时刻处于美妙的语言环境中。这样才能吸引学生的注意力，激发学生的想象力，使学生爱语文，从而使语文教学取得良好的效果。

关于"学生展示·教师激励"的探索

王 艳

"双向五环"教学模式是激活学生主体性并作用于学生多元智能开发上的主体性和多元性相融合的高效课堂教学基本模式。"双向":指教育的两个主体——学生和教师,在课堂学习过程中学生的学与教师的教双边活动相互作用,相互合作,达到教学相长,双赢共好的最优化教学效果。"五环":指课堂环节五个基本步骤。即学生预习·教师导学;学生合作·教师参与;学生展示·教师激励;学生探究·教师引领;学生达标·教师检测。其中第三步最为重要。因为课堂是展示学生个性的舞台,是学生培养发展能力的舞台。

由于我们刚刚实践"双向五环"教学模式,又由于学生大多来自农村,接触外界的空间不够广阔,所以在学生展示这一环节上存在语句不够通顺,不敢上台讲,文字书写不够规范,发言时的自信心还不够,声音不洪亮,不会恰当使用肢体语言等问题。在课堂上我就针对以上问题来培养学生的展示能力。

我在上课的时候尽量让学习比较薄弱的同学展示,现在每个班级学生都进行了分小组学习,每个小组1~6号,成绩由好到差。为了能更好地关注学习薄弱的学生，我主要安排4、5、6号同学上台轮流展示，一位同学展示导学案上预习内容，另外一位同学就学着前一位同学展示导学案内容，还有一位负责主持，组内其他三位进行补充和解答其他组成员提出的问题。这样，不仅使每个学生都有机会在课堂上大胆地、尽情地交流自己的看法，提高分析、推理、判断、归纳、综合的能力；而且在不知不觉中，语言表达能力也得到锻炼，学习潜能和创造力得到发挥，自信心得到增强；更重要的是培养了他们团结合作的精神，克服了以自我为中心、胆怯等不良心理品质。另外我还安排有针对性的练习，比如最开始学生不敢上台讲，我们就制定一条规矩，只要上台讲就给这个同学加一分，只要这个小组全部组员上台讲就给这个小组再加一分，在"分"这个法宝的作用下，学生们纷纷走上了讲台，俨然一个个小老师的样子；课下我还组织学生在黑板上练写粉笔字，以便学生能又快又好的书写，为讲解节约时间。由于我和学生的不懈努力，在课堂上我们不仅敢于展示自己所学所得，部分优等生还乐于把自己的学习成果进行个性化展示，如小品、歌曲、相声、快板、朗读、作画等等。

"好孩子是夸出来的。"教师要把"激励、唤醒、鼓励"当做组织教学的三大法宝。"激励"能有效激发学生的内驱力，唤醒学生的学习兴趣和学习热情。教师要多用一点心思去发现学生的优点，以此来欣赏他们、鼓励他们，让他们体验到成功的快乐。

在教学中要有效发挥激励效应，首先教师要乐于接受学生的观点，鼓励学生勇于发表自己的意见和见解。学生实验失败或讨论出错时，学生回答的问题不全面或不正确时，教师要做的不是责备，或任由同学取笑，而是要给以理解、鼓励和肯定，以保护学生的自尊心，增强学生的参与意识；其次教师要学会换位思考，要从学生的角度思考问题，认真倾听学生的心声，善于发现学生思维过程中的闪光点，予以再鼓励；再者，教师要巧用激励性语言。激励性语言会使学生跃跃欲试，完全沉浸于无拘束的环境中，在这样的氛围里，学生思路开阔、思维活跃，其智力和非智力水平均能得到最大限度的发挥。最后从评价的主体来讲，也要体现多元性，要打破传统评价中教师单一评价的现象，教师更重要的任务是引导学生实现学生自评生生互评以及家长评价等多元主体评价，以实现学生自主发展的需要。

另外也可以用"展示记分"的形式来激励、唤醒、鼓励学生，比如小组成员轮流展示的得 1 分，若由学习成绩比较落后的学生展示的得 2 分；板书工整、正确，评讲时大方、声音洪亮、语言精练、规范、有肢体语言等，得 4—5 分。板书欠工整、正确，评讲时不够大方、声音不够洪亮、语言欠精练、规范、没有肢体语言等，得 2—3 分。对学生提出的疑问和不同见解，能进行正确的解答和评析的，得 2—3 分。能主动提出问题、敢于质疑、辩论的学生得 2—5 分。能积极主动的回答问题的学生得 1 分。若又能正确的回答问题的再加 2—4 分。该小组每一个学生的得分之和为小组得分。如在课堂上，小组中有学生做与学习无关的事，说与学习无关的话等影响课堂学习的行为，扣 4—8 分。班级每月将学生个人成绩和小组成绩汇总，将个人成绩前十名的学生和小组成绩前三名的学习小组上报年级组，由年级组评出优秀学生和卓越学习小组，全年级进行表彰，并发奖状予以鼓励。

以上是自己在"学生展示·教师激励"方面做的一些尝试，在实践过程中起到了良好的促进作用，但也存在着一些问题，比如有学生认为组长得分不公平，有这个小组提那个小组意见的，学生经常为这些事找我评理，虽然这些事有些琐碎，但从这些事中我看到了学生的积极性，我为此高兴，同时我也相信在以后的实践中我一定会找到解决这些事的好方法的！

"四步读书法"我所思

吕向梅

导学案的编订直接影响孩子们上课的学习,高效课堂以来,我们不断学习,不断反思。侯书记的入校,给我们指导,让我们对高效课堂有了更新的认识。在侯书记的指导下,我们语文课编制了"四步读书法"导学案。

实施高校课堂以来,我们发现孩子们对学习有了很大的兴趣,孩子们在自学过程中学到了新知识,在小组合作中碰撞出了思维的火花。在展示中孩子们乐于表现自我,我们看到了孩子们久违的笑脸。但是在课堂中我们也发现了一些问题,我们发现了课堂上读书声音少了,没有语文味了……这些问题在我们脑海中困扰,我们疑惑着,我们反思着……

侯书记得知这些以后,就转课堂,和我们一起教研,一起讨论,在我们的努力下,一起编制了"四步读书法"导学案。初读课文,扫除阅读障碍。再读知大意,三读细品味,四读有提升,孩子们在读的过程中去学习,在读的过程中,提出问题,解决问题。又一次听到了课堂上朗朗的读书声音。在四读中,孩子们的思维有了拓展。在导学案中,我们注重了方法的指导,有了温馨小提示。如写字方法的指导,展示小窍门……还有一些激励性的语言,如闯关成功就领一个笑脸……

前面的路也许不会一帆风顺,但是我们对事业的追求永不止步。

对于高效课堂的思考

齐玉芹

高效课堂改革中，低年级学生小组合作学习是教改的难点。学生年龄小，注意力集中时间短，自我约束能力差。如何使学生能自主地、高效地学习呢？我在高效课堂的教学中，对出现的问题不断思考着，不断完善着小组评价的管理制度。下面是我的一些做法，和大家交流一下。

一、小组对子的安排。在教学中我发现学习好的学生自学环节完成地好而且快，他们完成任务后，在等其他组员时无所事事，浪费了他们的时间和能力。学习差的学生完成地慢而且差，而且他们在交流时，不能发现他们的错误，交流的效果较差。如何解决这个问题呢？我对学生的座位这样调整：BB、AA、CC。当两个 A 等的学生自学交流完后，他们再帮助两个 C 等的学生，帮他们检查导学案上的问题，对他们没有发现的问题进行辅导。这个方法，充分利用了优等生的资源，不仅使他们得到了锻炼，也帮助了学习困难的学生，实现了兵教兵、兵练兵的目的。

二、教学流程中小组评价的方法。高效课堂中，学生的展示能力、观察能力、倾听能力、发现问题、补充发言的能力都是至关重要的。在课堂上，我根据小组在自学、交流、展示、探究、达标等环节的表现，给每个小组打分。在展示环节中，展示充分的小组打 5 分，没有展示任务的小组打倾听分 3 分。我发现有展示任务的小组学习积极性很高，没有展示任务的小组学生注意力分散、不集中，有的学生说话或者做小动作。怎样才能使每个小组都积极主动地参与学习交流活动呢？经过思索，我修改了评分方法。展示的小组展示环节满分 5 分，没有展示任务的小组注意倾听，积极对问题进行补充，如果做到认真倾听，打 3 分，补充发言的一次加 2 分。这样，即使没有展示任务的小组也都积极观察、思考、倾听、发言，全班的学生都能积极主动地学习，在紧张、热烈、积极探索的课堂气氛中进行高效学习。

三、如何使学生充分展示。 在课堂上展示环节中，学生积极性很高，往往会有展示时间超时，完不成当堂测试的情况。如何使学生充分展示，达到预期的学习效果，又能按教学时间的安排，顺利地完成当堂测试呢？我是这样做的：1. 明确分工。老师安排任务后，每个小组安排一个板书快且书写工整的学生负责板书，小组其他学生进行预展。2. 学生做好组内预展，展示时做到思路清晰、语言流畅。3. 培养学生良好的倾听的习惯，补充发言时做到不重复、有创新。4. 学生在小组交流时，老师巡视小组学习情况，挑选有展示价值的问题让学生进行展示。5. 老师适当控制展示的流程，在学生把问题已经很好解决时，可以引导学生进行下一个问题的展示。

这些是我在教学实践中的对课堂出现的一些问题的思考和一些改进的做法，但还没有做到高效的教学目的，还需要不断地探索更高效的方法。

提高学生学习兴趣

郭振芳

通过近两周的观察,发现有些学生在课堂上的注意力不集中,虽然这也符合低年级的学生的特点,但是整节课都不能认真听课,就应该找一下原因。

兴趣是学生学习的动力,是教师教育学生、引导学生最好的方法及途径。兴趣没有了,学生学得也就没劲。我觉得学生学习没有兴趣,主要原因在于教师没有创设良好的环境,应该把题目放在学生的生活中,让学生在具体的环境中学习。比如:我在教学除法的过程中,"买东西"老师做顾客,请学生做小小售货员,东西当然由顾客决定,需要的钱数就需要小售货员作答。答对的要给予奖励,这样就大大激发了学生的学习兴趣。这是学生们会抢着回答,那就请坐得最端正、上课听课最认真的学生回答。这样可以激发学生的学习兴趣。还可以请同桌之间相互做顾客和售货员,看哪两个小伙伴合作的最好,要适时地进行表扬,并加以物质奖励"小五星"。我发现学生的学习兴趣比以前有进步,从而巩固了所学的知识。再就是对学生的问题一概不拒。虽然有些孩子提出一些我们回答不了或听不懂的问题或与知识关系不大的问题,我让他们放入问题银行等到以后自己就能解释,并不是所有的问题都需要老师来回答,只要认真学习自己就能解决问题。我觉得这样能保护学生的自尊心,增进师生关系。还有在平时上课应该让学生自己找出信息,自己提出问题,独立解决问题,并引导学生进入探索与交流的学习活动中,让学生体验到数学与生活的联系,学会用数学知识解决生活中的实际问题,促进学生的学习兴趣。

论 文

课改前沿勇于探索,一路艰辛一路收获。在路上,我们思考……

浅谈语文课堂激趣法

张伟利

学校2006年7月成功申报了国家级十一五课题《小学生主体多元发展实验》，作为课题组核心成员在实验中我们一直摸索前进，其中《小学生主体多元发展实验——语文课堂教学模式的构建》我们作了初步探索，该模式的操作流程是：激趣—激情—激学—激创。现针对我们平时在课堂中如何激趣谈谈一些方法。

一、导语激趣

用激趣的导语，先抛"砖"，后引"玉"，便于学生尽快进入新学情境。特级教师于漪要求授课开头要"一石激起千层浪"，一下子就把学生的心抓住。由此可见，引人的导语，对激发学生的学习兴趣起重要作用。如《圆明园的毁灭》一课，第一课时导入时，教师激情饱满地讲述："在世界建筑史上，有一座最神奇、最辉煌的建筑，有人说它是一座用言语无法形容的建筑，也是令人惊骇的杰作，但令人惋惜的是，这座建筑我们都没有见过。"顺其板书：圆明园的毁灭。学生被教师的语言一下子带入到了课文的情境之中，为下一步的学习奠定了基础。又如再教学《麻雀》一文时，教师这样激趣导入：同学们，提到麻雀大家都不会感到陌生，谁能说说对它的了解。学生说自己眼中的麻雀，教师又小结：它是我们既熟悉又常见的一种小鸟，没有漂亮的羽毛，没有动听的歌喉，也许平时很少有人注意过它。可是，就在这普普通通的小小的麻雀身上，却有着一种令人敬佩、让人感动的伟大精神。今天我们就一起来学习《麻雀》这篇课文。"好的开头是成功的一半"，这样一段声情并茂的话语，给麻雀赋予了一个神圣的形象，孩子们的求知欲望很强。是啊，一个富有情趣的画面，一篇恰到好处的题解，或者是一段流行歌曲，一首古诗词，都可以作为导入新课的话语，而新奇的导语往往会一开始就抓住学生急于求知的心理，唤起他们求知的欲望，激起他们的学习兴趣，使教学进入预定的情境之中。

二、以提问激趣

悬念，能使人们产生心理追踪，诱导人们兴致勃勃地猜测，去期待，乃至欲罢不能，非要弄个水落石出不可。因此，用提问来处理文章，可收到事半功倍的效果。如在讲《悲壮的两小时》时，一开始就向学生提出这样一个问题：在这分分秒秒逼近死亡的两小时中，科马洛夫会怎么样呢？学生带着这个疑问，必然认真阅读原文，寻找答案。在学生阅读完后教师稍微加以点拨，全文的主旨及结构就已经迎刃而解了。又如《鲁滨孙漂流记》，这是一篇略读课文，是英国作家笛福的《鲁滨孙漂流记》一书的缩写，这篇课文只需要一个问题让学生探究——鲁滨孙漂流到荒岛上以后，在严酷的生活面前，是怎样战胜种种困难生存下来的。这样一个问题一下子就抓住了学生的心，让学生兴趣十足，使被动学习变成了主动学习。不单开始讲解课文时要给学生提问题、设悬念，在讲课过程中，更要注意以小悬念来激发学生持久的学习兴趣。教师讲课过程中这样巧妙的启发、诱导，不仅通过思考活动维持着学生的兴趣，而且也加深了学生对所学内容的理解。

三、诵读激趣

在课堂教学过程中,教师主要是通过有声语言来传递思想和知识信息。处于少年时期的学生,情绪不稳定,自制力较弱,不耐久坐和长时间思考,教师可找准课文的切入点,运用诵读的艺术手段把学生带入优美的境界,促使学生产生对课文学习的浓厚兴趣。如在教学《山雨》一课时,教师在课堂的一开始就有感情地背诵了课文中描写山雨的一段,非常优美:山中的每一片树叶、每一块岩石都仿佛变成了奇妙无比的琴键,飘飘洒洒的雨丝弹奏出一首首优雅的小曲。一下子就把学生带入到了绵绵的山雨之中,为学生进一步学习课文打下了基础。又如在教学《卜算子咏梅》时,课一开始教师就有声有色地吟诵了这首词,那高亢的语调,抑扬顿挫的吟诵让学生们先从情感上就与作者毛泽东产生共鸣,梅花那种不畏严寒和不与百花争春的谦逊的品格立刻映在学生脑海里。在这基础上,学生可继续通过诵读,领悟作品中丰富的思想情感。在诵读过程中,学生可以尽情地感知文本。诵读既可激发学习课文的兴趣,又可拉近对语言材料的理解把握,真可谓一箭双雕。

四、以故事激趣

吕叔湘先生说过,语文教学一半是教学,一半是艺术。这话确实道出了语文教学的奥妙。所谓"教学艺术"对教师而言,是指教师在课堂教学中,采用多种方法让学生积极主动地去思考、去领悟、去发现、去创造的"导演"艺术。

有一些课文,很难找到兴趣的激发点,教师可以通过一些相关的故事来引起学生的兴趣。如在学习艾青的作品时,教师讲述了关于作者笔名由来的故事:作者原名蒋海澄,他在一次投宿旅馆登记时,刚写上姓"蒋",就立刻被旅馆老板讥笑他是蒋光头的同党,他一气之下,在"蒋"字上打了一个大大的"×",于是"蒋"字就变成"艾"字,他再根据海澄之意取"青",于是"蒋海澄"就变成了"艾青"。通过这个故事,既使学生深刻记住了作者的原名和笔名,又使学生认识到作者对国民党反动派的深刻憎恨的思想感情。学生听了故事不仅记住了作者艾青,并且对作者也有了好感,学习文章兴趣很浓。

在教学古诗《题李凝幽居》时,教师课前在作介绍时,告诉学生"推敲"一词便是由这首诗来的。传说贾岛去探访友人李凝,结果李凝不在家。他倒骑着驴做了一首诗,得到"鸟宿池边树,僧推月下门"两句。可他觉着"僧推月下门"中的"推"不太合适,不如"敲"好。嘴里就推敲推敲地念叨着。不知不觉地,就骑着驴闯进了大官韩愈的仪仗队里。韩愈很有涵养,没有责备于他,问贾岛为什么乱闯。贾岛就做了一首诗,但是其中一句拿不定主意是用"推"好,还是用"敲"好的事说了一遍。韩愈听了,哈哈大笑,对贾岛说:"我看还是用'敲'好,万一门是关着的,推怎么能推开呢?再者去别人家,又是晚上,还是敲门有礼貌呀!"贾岛听了连连点头。因此还和韩愈交上了朋友。"推敲"从此也就成为了脍炙人口的常用词,用来比喻做文章或做事时,反复琢磨,反复斟酌……学生们不仅学了古诗,同时还掌握了课外的一些知识,学习古诗也不再枯燥,激发了学生的学习兴趣,达到了很好的学习效果。

五、多媒体激趣

随着科技的不断发展,教学改革的不断更新,过去语文教师那种"夹着课本和粉笔进教室,一支粉笔一张嘴讲话"的形象有所改变,电子设备将取代纸和粉笔成为语文教师的备课工具,多媒体已经作为一种现代化的教学手段引入课堂,它具有形象、直观、生动、声色兼备、动静结合等多方面优点,合理运用可以优化教学过程,变抽象为具体,调动学生各种感官以加强感知或帮助学生发挥想象力,加深对事物的理解,从而激发学生的兴趣。如在教学《冬天是个魔术师》时,教师让学生欣赏冬天的画片:白雪覆盖的大森林、山川,晶莹剔透的冰雕,正在玩雪的孩子……学生聚精会神地欣赏画片,不时发出赞叹声与欢呼声。使他们感到形真、新颖、有趣,极大地激发他们的学习热情。又如在教学

《比尾课巴》这一课时,教师在开始导入时用了动画片《狮子王》的一个片段:各种动物从森林的四面八方赶来,音乐响起,学生的兴趣盎然,这时教师问:"这么多的动物他们要去干什么呀?原来他们要去比尾巴。"课题就这样自然而然地引了出来,学生的情绪马上就很高。

孔子说得好:"知之者不如好之者,好之者不如乐之者。"语文教学中激发学生兴趣的手段是多种多样的,它的目的在于调动学生以积极的态度认真学习,以高昂的情绪参与学习,以浓厚的兴趣愉快学习,以充分的自信成功学习,以科学的方法灵活学习。如果每一节语文课上充满趣味性,一定能让学生养成爱学、乐学、善思、喜练的良好习惯。

用心灵赢得心灵

周 方

有人说:"用心灵赢得心灵,是教育的最高境界。"为了达到这个境界,我就把教育工作当做了一个用爱心、耐心、关心、细心、热心的堆砌来赢得孩子们的亲近、感激、尊重和爱戴的伟大工程,不断地在实践中探索,在管理中创新,在和谐中育人。

一、用爱心感染学生

爱心是具体的、琐碎的。每天早晨巡视教室,看看学生有没有到齐,早上是否吃过了早餐,各种学习用品是否都带齐了,学生有无身体不适,遇到天冷或天热的时候,同学们的衣服穿得是否适宜。学习跟不上进度,我就主动帮她们补课……家长感激,学生感动,关心学生就应该像关心自己孩子一样,既要关心他们的生活,又要关心他们的健康,还要关心他们学习的方法,更重要的是关心他们是否懂得怎样做人。这正是作为教师的职责所在,这些看起来很平常,其实这正是一个教师爱心的具体表现。我就是这样播撒着爱的种子,收获着爱的硕果。

二、激励激发潜能

在教学的具体工作中,我一直注重运用激励机制调动学生学习的积极性。开展争夺"我最棒"比赛，孩子们有了明确的追求目标，培养了集体主义精神，为了得到"我最棒"，孩子们纪律增强，上课认真听讲，大胆发言。孩子们学习态度端正了，都能按时完成作业，打架、骂人、调皮捣蛋的孩子少了，团结互助、互帮互学的表现多了……同时，我还善于用表扬的力量，面对学生的点滴进步，不失时机地给予表扬，用表扬树立学生的信心，消除他们对教师教育的反感和抵触情绪，让孩子明白自己有很大的潜能，满怀信心地不断争取成功。

三、制度培养习惯

播种良好的行为，将会收获良好的习惯。习惯的养成必须从实际行动抓起，从点滴小事抓起，落实到细微处。如：为了培养孩子们勤俭节约的好习惯，我在班内开展了"废纸回收"活动，利用课余时间和学生促膝谈心，及时对学生进行针对性教育；植树节时，通过自制标签的形式督促自己保护周围的一草一木；母亲节的时候，让孩子们帮妈妈做件好事，进行感恩教育……通过一系列教育活动，教会孩子认识世界，明辨是非，学习怎样做人。

四、用责任做好纽带

教师是联系学校、家庭、社会的纽带。向学生介绍自己的一些特点，如性格、爱好、教育教学成绩等，以取得学生的尊敬和信任，使他们因尊其师而重其教。孩子的教育离不开老师和家长的共同协作，家访是连接家庭教育与学校教育的纽带，它可以使两者有机结合，对学生进行统一教育，使学校教育更富有实效。

有风雨就有阳光，我的班级，班风正，学风浓，活动开展得有声有色，每当有人羡慕地对我说："你的学生怎么那么喜欢上你的课！""你这个教师和学生的关系咋那么亲？"我总是笑着说："我是用心灵赢得心灵啊！"是啊，教师是要有持之以恒的耐心，无微不至的细心，足以融冰的爱心，那就一定能赢得孩子们那天真无邪的童心！

小学语文课堂教学的有效性

段佳薇

语文课堂教学的有效性是语文教学的生命,而这生命能否得以延续,取决于教师是否能充分发掘学生的兴趣,调动学生学习的主动性和积极性;能否做到与文本有机结合,真情演绎文本内涵;能否提升孩子们对文本的感悟,让我们的语文教学呈现实效。有效的课堂教学是兼顾知识的传授、情感的交流、智慧的培养和个性塑造的过程。那么,怎样提高课堂教学的有效性呢?我有几点体会:

一、深入钻研课本

新课程提倡开发与利用教学资源,其实最重要的教学资源就是语文教科书。提高课堂教学有效性的根本途径在于教师必须先钻研、理解文本,要"在文本中走几个来回",明确教学目标,确定教学重点,挖掘训练要素,并选取符合教材与学生实际的教学方法。如果教师自身对文本没有吃透,不了解编写意图,教学目标不明,教学重点不详,甚至南辕北辙,便很难做到以文本为凭借,帮助学生提高语文素养。课文也很少朗读,上课时对教材内容都不甚了了,"以其昏昏,使其昭昭",这样的课堂教学自然是不可能取得高效的。因为语文学科的本质特征表明:"语文的'工具性'与'人文性'均具体地体现、落实在语言文字上；语文一旦离开了语言文字，'工具'也就无法成为工具，'人文'也就无所依附，只能是虚无缥缈的空中楼阁。"

一篇课文究竟应该怎么上，什么方法最好，什么形式行之有效，我们很难有个一般的标准去加以衡量。不同的教师个性，面对不同层次的学生，没有最好的，只有此时此地最有效的这个过程中，教师也许要花费许多时间与精力，甚至包括一些"无用功"，但它却是提高课堂教学效率必不可少的、最重要的一环。

二、创设问题情境，激发探究的兴趣

苏霍姆林斯基认为："在人的心灵深处，都有一种根深蒂固的需要，就是希望感到自己是一个发现者、研究者、探究者，而在儿童的精神世界中，这种需要特别强烈。"因此，在教学过程中，要尽量为学生提供自主探究的机会，让他们置身于一种探索问题的情境中，以激发学生强烈的求知愿望，积极主动地去探索新知识。创设问题情境，有利于吸引学生的注意力，增强学生心理上的愉悦感，激发学生探究的兴趣。在教学《太阳》这堂课时针对题目引发学生发挥想象课文有可能写什么内容。因此学生也毫无顾虑地提出很多有价值的问题。如：太阳给人们带来哪些好处？太阳给人们送来什么？等问题。

教师是教学过程中问题情境的创设者，一个好的问题情境，能够激起学生强烈的问题意识和探究动机，引起学生积极地思考。创设问题情境的常用方法有：

（1）联系生活实际创设问题情境；

（2）利用演绎推理创设问题情境；

（3）利用类比推理创设问题情境；

（4）借助多媒体直观手段创设问题情境；

（5）借助童话故事创设问题情境。

三、把握学生思维发展的年龄特点，发展学生的智力

小学低年级的学生对形式新异、生动活泼的东西特别容易发生兴趣，一旦有了兴趣，他们就会发挥极大的主动性，对一些问题主动地多思多想，并在这个过程中发展自己的智力。因此，我在低年级课堂教学中，画画写写，模仿表演，设疑质疑等都是很好的教学方法。例如：在教《咏柳》一课时，我先配乐范诗，然后展示幻灯片图。通过引导学生看体现诗意的画面，启发学生展开想象，在意境中体会到古诗的美。再根据学生喜欢画画的特点，在学生粗略理解诗意的基础上，进行配乐作画，并让他们介绍自己的画。这样学生就在不知不觉中走进诗的意境之中，即享有了美，又弄懂了诗意，而且培养了学生手脑并用能力、绘画能力、想象能力和口语交际能力。

总之，提高课堂教学的有效性是一篇大文章，绝不是一蹴而就的事。因此，语文活动要立足教材，从学生的实际出发，选择合适的活动方式组织开展，才能行之有效。

改进学习方式,培养学习能力

付岚竹

全日制义务教育课程标准中明确指出,有效的数学学习活动,不能单纯依赖模仿与记忆,动手实践,自主探索与合作交流是学生学习数学的重要方式。因此如何帮助学生改变原有的单纯接受式学习方式,直接关系到课堂效率的提高,在教学中,我在以下方面做了尝试。

一、动手操作,培养实践能力

心理学皮亚杰认为:"儿童的思维是从动作开始,切断了动作和思维之间的联系,思维就得不到发展。"一位哲人也说过:"你听过的,你忘记了;你看到的,你记住了;你做到的,你懂了。"学习并不仅仅是听,也不仅仅是看,更应该是自己动手做。因而教师重视学生的动手操作活动,让学生在操作中感知让他们亲身经历教学知识的形成过程,通过自己的努力解决问题,获取知识,促进学生实践能力的发展。例如,在"教圆锥的体积计算"时,我为一、三、五、七组准备了一个沙堆,一杯水,一组等底等高圆柱体和圆锥体;等高圆柱体和圆锥体;六、八组准备了一个沙堆,一杯水,一组等高不等底圆柱体和圆锥体。引导全班学生研究圆柱和圆锥体积的 1/3,接着又引导学生动手测出沙堆的高和底面周长，独立求出圆锥的体积。

通过以上操作，学生在计算圆锥体积时也不忘记乘以 1/3，而且真正地培养了学生动手实践研究的能力，学生实践能力得到了发展，知识也学得扎扎实实。

二、自主学习，培养探究能力

著名教育家苏霍姆林斯基说过："在人的心灵深处都有一种根深蒂固的需要，这就是希望自己是一个发现者、研究者、探索者，而在儿童的精神世界里，这需要特别强烈"。因此在教学实践中，我们要坚持让学生自主探究，把学习的主动权还给学生，让学生根据自己的体验，用自己的思维方式、主动地、自由地、开放地、去探索去创造有关的数学知识，通过自主学习促进其探究能力的发展。例如：做教学分数应用题时，有这么一道题是："一本书有 120 页，前两天看了这本书的 1/5，照这样的速度，读完全书还需要多少天？出示这道题后，放手让学生自己想办法解决问题，学生经过讨论得出不同解法。"

解法一：$120 \div (120 \times 1/5 \div 2) - 2 = 8$（天）

解法二：$(120 - 120 \times 1/5) \div (120 \times 1/5 \div 2) = 8$

解法三：$2\{(120 - 120 \times 1/5) \div (120 \times 1/5)\} = 8$

解法四：$1 \div (1/5 \div 2) - 2 = 8$（天）

解法五：$(1 - 1/5) \div (1/5 \div 2) = 8$（天）

教师允许学生从不同的角度思考问题，用不同的方法解决问题，让不同层次的学生获得成功的体验，增强了学生学习数学的兴趣和信心。这样的学习过程就成了学生再发现，再创造的过程，从而培养了学生的探索能力。

三、问题引导，培养创新能力

英国科学家波普尔说过："科学知识的增长永远始于问题，终于问题，问题是数学学习的心脏。"问题引导得好直接关系到学生创新能力的发展。学生的学习过程不仅仅是一个接受知识的过程，也是一个发现问题、分析问题、解决问题的过程，在这个过程中，教师的引导很有艺术。例如学习"梯形面积"，s＝（a＋b）h÷2，三角形的面积 s＝（a＋b）h÷2 后问学生：长方形，正方形的面积计算是不是也能用上下底之和与高乘积的一半去解答。学生经过尝试验证可以提出一种新的几何定理："任何规则的平面图形的面积都等于上下底之和与高乘积的一半"这样一个富有挑战性的问题的提出，充分展示了学生的聪明才智，同时也激发了学生的创新能力的发展。问题引导是培养学生创新意识和创新思维的重要措施。

四、主动学习培养合作能力

从人的角度来说，认识主体性与客观性的统一，是能动性与受动型的统一，是独立性与依赖性的统一。从学习的动机来看，学习有"我要学"和"要我学"传统学习方式把学习建立在人的客体性、受动性、依赖性的面上，从而导致人的主体性、能动性、独立性的不断销蚀。新课程倡导转变学习方式就是要转变这种被动性的学习状态，把学习变成人的主体性、能动性、独立性，不断生成、张扬、发展、提升的过程，这是学习观的根本变革。只有学生主动参与了，合作才能真正实现。合作学习的过程实际上是个探究与合作探究的结合过程，它融发问、质疑、择题、组织、出题、评价于一体。既是学生个体以积极的心态，调动学生原有的知识和经验，同化新知并积极构建知识体系的过程，又是通过合作学习，使个人认识得到升华的过程。例如：教学"长方体"时，当学生掌握了表面积和体积求法后，要求学生小组合作，看哪组拼的种类多，求出每种长方体的长宽高及它的体积和表面积分别填入下表：

种类	长	宽	高	体积	表面积
1					
2					
3					
结论					

然后议一议，为什么体积没变，而表面积不同。在什么情况下，表面积最大。这就要求各小组在活动中群策群力，协同作战，既要发挥每个同学的主动性，又能培养其合作能力，而且也能潜移默化地使学生学会怎样与他人合作。

改进学生的学习方式，能有效地培养学生的学习能力，更是新课程改革的需要，也是全面提高学生素质的基础性工作。最后让我们用陶行知先生的"六大解放"结束吧："思想的解放，手的解放，解放学生的嘴，解放学生的眼睛，解放学生的空间，解放学生的时间，"只有采取真正地"放"的教育，才有利于学生的发展。

培养学生主动学习

李书萍

在数学教学中,我们体会到,凡是能积极、主动地参与获取知识过程的学生,他们学习数学的兴趣浓厚,求知愿望强烈,数学素质会得到较快发展。因此数学教学必须从转变学生的学习态度、学习情感入手,使学生由机械、被动学习转变为创造、主动学习。结合本人实践,浅谈几点体会:

一、深入钻研教学艺术,充分发挥教师的主导作用

1."导"要精彩

教师是课堂心理环境的直接创设者。教师"导"入的语言、方法直接影响学生的学习兴趣及其探索知识的欲望。因此教师导入语言必须适合小学生的生理和心理特点,提高语言的艺术性,只有这样,上课伊始,教学便尽可能快地吸引学生的注意力,使其集中精力、全神贯注地投入到学习的整个过程中。

2."导"要适度

任何事情都有个"度"的问题,导入也要讲究个"度",要导的适度,教师就要做到语言精练而不冗长,简明而又准确无误,使学生深刻体会到语言的魅力,使他们对所学习知识通过教师的语言表述而产生强烈的求知愿望,使他们想学习。

二、重视启发、诱导,充分发挥学生的主体作用

启发学生主动去思考,合理运用教学手段,让学生愿意去尝试、探索,主动参与获取知识的整个过程。例如,在教学"圆的周长"一节课时,用直观教学引入—建立数学概念—应用所学知识解决实际问题。1. 运用迁移规律出示一个长方形,指出哪一部分是它的周长,并让学生计算长方形周长。2. 出示"圆"导入新课,先让学生找出哪一部分是圆的周长,然后让学生拿出自己制作的圆,用手指出圆周。3. 让学生动手演示,感知"圆的周长是直径的三倍多一点",介绍圆周率,理解 π 的意义,掌握 π 的数值。

1. 掌握学生认识规律,促进学生有效学习

小学生年龄比较小,正处在心理和生理发展初级阶段,思维水平比较低,对事物认识只能凭借直观,从简单逐渐到复杂,由个别到一般。理解问题的程度、水平有较大差别。因此,在教学过程中,教师不能用其认识方法去取代学生的认识过程。

例如,我在给学生讲长方体的表面积时,学生通过对长方体的实物观察,得出如下计算方法:

方法 1:长×宽+长×宽+长×高+长×高+宽×高+宽×高;

方法 2:长×宽×2+长×高×2+宽×高×2;

方法 3:(长×宽+长×高+宽×高)2。

这些方法说明学生的认识水平有差别,通过讨论,同学们一致认为第三种方法既概括又简练,提高了认识水平,使一些习惯于被动学习的学生转变为主动学习。

2. 善于创设问题情境,调动学生积极动脑思考

要想促使学生主动学习,教师就要善于创设问题情境,就必须在课

堂教学上使学生有效地把耳、目、脑、口充分运用起来调动学生进行积极思考。

3. 会听

课堂上，学生不仅要认真听教师讲，特别是自己搞得不太懂的地方。而且还要认真听同学发言，特别是与自己思路不同处。为了训练学生听的能力，我进行了如下的练习：

口算题由教师口述，学生直接写出得数。

教学口述应用题，学生直接写出算式。

这样可以训练学生集中注意力，培养思维的敏捷性。

4. 会看

凡是学生通过自己看、自己想就能掌握的知识，教师可以少讲，甚至不讲，让学生通过自己观察、比较，作出判断。

5. 会想

首先要使学生善于想，这除了靠教师的启发点拨外，更要靠教师去"激励""促动"，促使学生去动脑想问题，教学要给学生留有思考的时间和空间，让他们通过讨论，表达自己的意见和想法。

6. 会说

在课堂上，要尽量让学生多说，要鼓励学生说，哪怕学生说的是错误的，让学生敢于表述自己的想法，特别对于学习有困难的学生，更要给他们说的机会，说的自由。

总之，教学要变学生被动学习为主动学习，让他们积极主动参与获取知识的全过程，让他们认识到数学的价值，生活中离不开数学，使他们喜欢数学，乐学数学。

怎样引导学生参与课堂互评

平留社

1. 同学互评的意义

有研究表明：同龄人之间的相互影响远远大于教师和家长的影响。而且一位教师不可能在课堂上对所有的学生做到全面了解，而学生之间，特别是同位、小组学生之间了解比较多，学生之间的互相评价会更全面客观一些。因此让学生承担评价同伴的责任，在互相尊重、平等的前提下建立一个团结和谐的评价班集体或小组集体，使同位、同伴之间开展积极的互动评价，引起学生强烈的兴趣，调动起他们的积极性，在促进同学之间的共同交流、提高的同时，也能促使学生自我教育，发展其判断、交流、反思和评价的能力。小组同学集体评议，可以弥补自我评价时的不足，有效提高学生的自我认识水平，同时也是一个相互学习的机会，同学们可以学会客观地评价别人，欣赏别人的优点，学人之长补己之短。

2. 如何开展同学互评

（1）给学生创造互相评价的机会

教育的艺术和技巧是在于使自我教育的愿望成为每一个学生的精神

需要，同样，为了使评价成为学生内心的精神需求，我认为教师必须为每位学生创设并提供各种实践机会，调动他们自主参与评价的积极性。要让学生参与评价，教师在课堂上就必须保证他们评价的时间和空间，所以同学互评应贯穿、渗透于学生的整个语文学习过程中，具体可采用同桌互评、群体互评、小组间互评的形式。例如，在语文作业的批改中，有时采用同桌或小组互查的方法，让学生互相批改。在批改别人作业的同时，体会别人的作业到底有哪些值得自己学习的地方，他们会非常耐心地去找出对方的作业错在哪里，这实在是一个给自己纠错的好方法。这样一方面减轻了教师的负担，另一方面既能调动学生的积极性，又有利于学生学习兴趣的养成。再如，当评价课文读得怎样时，我就让学生当小评委进行互相评价，从不以教师个人对学生的评价去抵消学生之间的互相评价；当小组合作进行情境对话时，我让学生都积极地参与评价尝试，对同学的表现或欣赏或修正或完善或补充；当学生理解有异议或问题有多解时，我又让学生大胆思考，相互启发、相互评价。

（2）引导学生会评价

学生的评价能力不是与生俱来的，要让学生参与评价，教师就必须发挥引导的作用，帮助学生掌握评价的方向，点拨他们评价的方法要领。我认为课堂评价可以用四个字来概括，即："听""想""评""思"。第一个"听"是指听清楚对方的发言，这是评价的前提。"想"是指根据别人发言内容进行思考，组织好评价的语言。"评"是指以一定的评价标准进行评价。最后的"思"是虚心的听取别人的反馈意见。引导学生掌握了评价的基本方法之后还要教给学生评价的基本内容，让学生懂得在课堂上到底什么最值得自己去思考、去评价。我认为具体包括以下几个方面：①比较评价，即当问题的答案出现两种或两种以上不同的意见时，让学生进行比较，意在培养学生辨析和灵活运用的能力。②补充评价，即在听取别人的发言后，在赞同的同时，补充自己的意见，意在培养学生思维的完整性。③争议性评价,即对问题的答案提出异议,据理力争,意在鼓励学生大胆发表独特见解,培养创新精神。

(3) 教会学生互相欣赏

学生在进行互相评价时,往往习惯挑对方的毛病、缺点,这时教师就要充分发挥主导作用,引导他们学会用欣赏的眼光去看待别人,能发现别人的不足,更能发现他人的优点;学会准确地与他人交流,向别人解释自己的想法,倾听他人的想法,善待批评以审视自己的观点,获得更正确地认识;学会相互接纳、赞赏、分享、互助,营造一种互帮互学、轻松愉快、和睦相处的课堂氛围,而且培养了学生与人相处的能力。当然,这种客观开放精神的形成并非易事,要靠长久的教育才能得到。

运用多种方式，关心每一个孩子

张美霞

苏霍姆林斯基说过："我们的工作，就其本身的性质和逻辑来说，就是不断地关心儿童的生活。请你任何时候都不要忘记，你面对的是儿童的极易受到损害的、极其脆弱的心理。学校里的学习不是毫无热情地把知识从一个头脑里装进另一个头脑里，而是师生之间每时每刻都在进行心灵的接触。"作为班主任，是和孩子接触最多的老师。应时刻注意多种方式的运用，真正关心每一个孩子。

恰当地运用暗示

暗示是一种特殊的信息传递方式。在无对抗的条件下，用含蓄、间接的方法对人的心理和行为施加影响，使其产生与预期一致的结果。相对来说，儿童比成人更容易接受暗示。有些时候，巧妙地运用暗示使学生意识到自己的错误，比对学生言语的批评效果要好得多。和学生沟通接触时，我时常用暗示法对学生进行教育。记得有一次刚调了座位，一个女孩子跑到我面前，满脸不高兴地说："老师，我不想和某某坐同桌，他太脏了。"而此时，被告状的小男孩就站在我面前，怎么办呢？我略一思索，说："谁说人家脏了？现在人家衣服脏一点，但下午人家就会换上干净的衣服，对吗？"说完，我向小男孩示意，他赶紧点头。下午，他果然穿得干干净净，而且从这件事中他也认识到只有讲卫生，才会受人欢迎。

表扬与鼓励相结合

表扬是教育最主要的、也是最有效的手段。它作为一种积极的强化手段，对学生良好的思想行为给予肯定。"一母生百子，百子不一样"，学生和学生之间不可能都是一个样子，本来就应该存在很大的差异，我们不能用一个标尺来衡量他们，对他们一概而论。作为班主任，我们不应该在孩子是"铁的时候，提出钢的要求"。为了孩子的发展，要多给孩子表扬和鼓励，让孩子在跳一跳触到目标后，能看到老师对他们点滴进步的肯定，从而激励其进取和自信，并对其他学生的思想行为起导向作用。那样，他们会挖掘出更大的潜能。为了让孩子们感觉到老师能看到他们的努力，我结合学校每周一次的旗手事迹，让每一个有点滴进步的孩子有机会站在升旗台前。如：知道关心集体的刘民宇，能按时完成作业的石其孟，热爱劳动的米月，拾金不昧的樊邵杰……一次一次让孩子成为意外的旗手，不仅令受表扬的孩子更加努力，而且也激励着其他孩子不断进步，争当旗手。由此看来，表扬和鼓励会使孩子产生自信，重新审视自己，并树立前进的信心，更会让奇迹在平凡的学生身上发生，使他们惊异于自己的变化。

运用幽默的话语

幽默是形成良好师生关系的催化剂，它以笑声代替批评，以诙谐化解尴尬。幽默首先创造的是一种和谐的气氛，在这种气氛中，能给孩子留下深刻的印象，让孩子们在欢笑中，既明白了道理，又认识到了错误，是一种有效的教育方式。正如前苏联的一位诗人说的："教育最主要的，也是第一位的助手是幽默。"许多班主任老师体会到了幽默的教育力量，在教育中经常运用幽默的语言对学生进行教育，受到了较好的效果。如有位教师上课时，几个学生由于上厕所迟到了，老师没有严厉地批评他们，而是幽默地说了这样一句话："看来，管天管地，管不住拉屎放屁。"在同学们的笑声中，这几个学生认识到了错误。从此，再也没有迟到过。

仁慈和宽容

小学老师接触的学生，都是天真烂漫的儿童，他们的心特别脆弱，又特别不长心，不经意的犯错误是很自然的事情。如忘记带作业，忘记带课本，不小心把玻璃打坏，拿别人的东西……我们的老师，尤其是班主任，要多给孩子仁慈和宽容，让孩子在和谐快乐的环境中生活。当然，仁慈和宽容是有度的，它不是迁就、偏袒和放任。应该看到，班主任一个小小的决定，会改变一个学生对学习和生活的态度，会教育感化学生，打开学生心灵的大门，点燃学生心灵的火花。

认真倾听，多和孩子接触

倾听是实施有效教育的基础和前提。心理学研究表明，人在内心深处，都有一种渴望别人尊重的愿望。作为班主任，要对学生进行有效的教育，就必须尊重学生，倾听学生的呼声，了解学生的疾苦，知道他们在想什么？做什么？有什么高兴的事？有什么忧愁的事？他们学习中有什么成功的地方？有什么困惑？是方法的问题？还是心理的问题？是习惯问题还是基础问题？对这些问题有个比较清醒的认识，就可以对症下药，有的放矢。所以在了解学生的时候，就要放下老师的架子，平易近人，和蔼可亲，增加老师的亲和力，使其亲其师，信其道，学会倾听。可是我们许多班主任，不愿意听学生的倾诉，不愿意听学生的唠叨。总认为自己高人一等，比学生高明，没有必要倾听学生的诉说。学会了倾听，就能够深入了解学生的内心世界。学生们就感受到老师对他们的尊重和关怀。他们就愿意把自己的想法、愿望、要求、困惑告诉你，求得老师的关怀和尊重，求得老师的宽容和理解，求得老师的帮助和解释。这个时候所进行的交流，就是心与心的交流，就是灵魂和灵魂的激荡。

所以，倾听是实施有效教育的前提。

课余时间，我常和孩子们进行唠家常式的谈话，从谈话中及时了解孩子的兴趣、爱好和家庭情况。因为平时了解学生，出现什么问题时教育学生也就可"因材施教"，令学生心服口服。我原来教的一个班里有个学生，爸爸死了妈妈改嫁了，他和奶奶生活，由于疏于管教，又缺乏亲情，天长日久，养成了一种我行我素的性格。临近毕业，别人都了买教辅复习，他却用一种玩世不恭的语气说："我不买！"由于了解他的家庭情况，我掏钱替他买了教辅。课下又和他促膝谈心，告诉他奶奶希望他升入中学，甚至大学。由于动之以情，晓之以理，事后，他见了我，总是很真诚地向我问好，也改掉了那种不受拘束的个性。

运用欣赏

欣赏是有效实施教育的态度，是有效教育的重要途径之一。在学会倾听的基础上，欣赏学生，不仅包含了对学生的理解和宽容，更重要的是把学生当做正常的人一样；不仅欣赏优秀学生的优秀品质，而且，要学会欣赏学生的缺点和失误。不知道是哪位名人说的，"世界上没有垃圾，只有放错了地方的资源。"我可以套用这一句名言，"人没有不良品质，只有用错了地方的性格。"我们在实际工作中，对优秀学生欣赏，几乎每个老师都能做到，但是对差生的欣赏，就几乎没有人认同了。

作为一个班主任，要对所有学生实施有效的教育，就必须对差生进行有效的沟通。其实，差生毛病多多，在他们身上几乎找不到可以欣赏的东西。但是如果不能从内心深处尊重学生、欣赏学生，就不能唤起学生对美好人性的热爱，就不能唤起学生对老师教育的认同。所以教师就要在倾听的基础上欣赏学生、赞美学生。我在具体的工作中，注意了欣赏学生，就受到了良好的效果。例如：我班学生黄××，经常自由散漫，不思进取，学习成绩差，习惯差，对自己没有信心。突然有一天，一向不交作业的他竟然把作业交了，而且，写的字体工整、美观。我抓住时机,在班会上表扬了他。课后,同学们在日记里也称赞了他。我又找了一篇同学们称赞他的日记,在班内读了一下。在老师和学生的赞声中,他找回了自信,找回了尊严。从此,他改变自己,终于一步一个脚印,走出了困境,现在已经成为一个品学兼优的好学生。

有人说:"要给人以阳光,你心中必须拥有太阳。"班主任是教育者、领路人,只要我们的班主任心中拥有太阳,洞悉学生的心理,对学生教育动之以情,晓之以理,持之以恒,和风细雨,定然润物无声,我们的班主任工作就会做得更好,实现著名教育家叶圣陶说的"教是为了不需要教。"当然,在实践工作中还有许许多多的方法,只要我们的班主任能对孩子们"捧着一颗心来",那么,孩子们就会让你快乐着他们的快乐,幸福着他们的幸福。

自学探究课中导学案的编制与使用

宋红伟

先来谈一下自学探究课中导学案的编制问题,首先,谈一下学习目标的制定,学习目标必须涵盖知识和技能、过程和方法、情感态度和价值观三个方面,制定的学习目标还要具有可测性。学习目标中重点部分要用红色加粗字体体现,这样可以起到先入为主的作用。

下面我们谈一下学习过程,针对自学探究课的课型特点,学生在自学过程中很容易开小差,为了激发学生的学习兴趣,提高学生的学习效率,我们把整个学习过程设计为知识宫闯关游戏,既然是游戏,就必须有闯关须知来带领和制约同学们,闯关须知保证了学生有序有效地进行自学合作。

本节课的重点是知识宫闯关探新知,闯四关的灵感来源于四步读书法,下面我来讲一下四步读书法。

读书是语文学习的最好办法。书读百遍,其义自见,教会孩子读书学习之法是语文教师义不容辞的责任。自学探究课遵循这一理念,倡导以读为法,培养学生自学、善思、悟读的能力,彰显语文学科特色。四步读书法引导学生走进文本,细读文本,深入学习文本,使学生通过多种形式的读，与文本、与作者、与自己的已有经验产生对话，进而建构新的知识经验，把学生领进文学的殿堂。

高年级段四步读书法的步骤是：

初读知大意：扫除字词障碍，整体感知文章大意；

再读知章法：理清文章脉络；

三读细品味：细读文本，走进情感，领略语言文字之妙；

四读有提升：通览全文，建构知识、情感体系。

四步读书法让琅琅读书声回归课堂，使读书学习形式呈现多元之态，大声朗读、快速浏览、细品慢读、感情诵读。期间，学生读读、写写、批批、画画，读中有思，思中有悟，悟中再读，思悟读相结合，最后达到读悟提升。这样引领学生由浅入深地进行知识探究，学得充分、学得扎实，符合学生由易到难的认知规律，符合语文学科学习的规律。

自学探究课上学生对文本的细品深悟，为第二课时的展示提升做了充分、必要的知识储备。

另外，在导学案上加了一些泡泡语，这些泡泡语针对学习重难点给出了具体的指导。

再来看检测，在这篇导学案上并没有出现要检测的题。为什么？因为大家可能都注意到如果测评题出现在导学案上，孩子们在闯关时就顺带做了，所以，测评题可以写在小黑板上，或另附作业纸。而且还要分层检测，分层得分。这样才能让测评达到真正的效果，让每个孩子都能在课堂上找到自信。

最后让学生整理导学案，在反思栏中写下自己的进步和不足，确定下一步努力的方向。

一篇设计合理的导学案是上好课的前提，但导学案的使用是上一节课的关键。下面我来谈一下这节课中我是如何使用导学案的。

《草原》是一篇描写内蒙古草原风光及风土人情的文章，所以我先用优美的草原风光图和人情图导入，引起同学们强烈的学习兴趣。然后，出示学习目标，教师解读学习目标，再以闯关游戏激发兴趣让学生读知识宫闯关须知。然后用四步读书法来闯关，闯关重点在三读细品味上，比如第二个任务，让学生画出自己喜欢的句子，并用蓝笔批注自己的感受，这个环节不仅让孩子去品去悟，也让孩子对双色笔的运用更加娴熟。

组长和学习程度较好的同学，闯关结束后开始关注其他同学，并给予帮助，小组内解决存在的问题，如果解决不了的问题，就抄在小黑板上向全班同学求教，然后组长向老师报到得分。这个过程其实老师并不清闲，课堂是双向的，仅有学生的学还不够，老师的导必不可少。

报到得分以后，再给每组分展示任务，然后测评，测评后对子互改，组长统计得分。最后再让学生整理导学案，各组长把各项分数算出汇总。选出优胜组。

浅议在多元智能理论的框架里夯实学生的发展

黄晓娟

小学语文课程是以培养小学生语文素养为宗旨开设教学的课程。语文课程的评价必须以真实的日常教学为基础，充分利用所有的课堂教学活动和课外实践活动，全面反映学生学习水平和发展状况。在语文课程的教学和评价过程中，以多元智能理论为基础，根据不同的评价目标，应用多样化的评价方法，科学设计教学活动和过程，对学生在教学过程中的种种行为及结果进行科学评价，注重发挥评价在优化课堂教学和促进师生共同发展等方面的重要作用，能收到良好的效果。

一、树立正确的学生观，激发学生在学习和评价中的积极性

多元智力理论是由美国哈佛大学的发展心理学家加德纳于1983年在《智力的结构》一书中提出的。多元智力理论打破传统的将智力看做是以语言能力和逻辑—数理能力为核心的整合的能力的认识，而认为人的智力是由言语—语言智能、逻辑—数理智能、视觉—空间关系智能、音乐—节奏智能、身体—运动智能、人际交往智能、自我反省智能、自然考察智能和存在智能等九种智能构成，并从新的角度阐述和分析了智能在个体身上的存在方式以及发展的潜力等。

多元智能理论认为：每个人都同时拥有九种智能，只是这九种智能在每个人身上以不同的方式、不同的程度组合存在，使得每个人的智力都各具特色。因此，世界上并不存在谁聪明谁不聪明的问题，而是存在在哪一方面聪明以及怎样聪明的问题。因此，对学生的评价首先应该确立正确的学生观，学校里没有所谓"差生"的存在，每个学生都是独特的，也是出色的。这样的学生观一旦形成，就使得教师乐于对每一位学生报以积极、热切的期望，并乐于从多个角度来评价、观察和接纳学生，重在寻找和发现学生身上的闪光点，发现并发展学生的潜能。

1. 将学习和评价的主动权交给学生。小学生是生动活泼、具有自主发展意识的个体，教师应该充分尊重学生的主体性和发展欲望。在平时的教学和交往活动中，注意向学生渗透有关多元智能理论的有关知识，告诉他们每个人都很聪明，智能才能体现在很多方面，只是有时连自己都没发现。鼓励他们在学习过程中，发现自己的才能，树立自信心，并且很好地展示出来。从而使他们在基本素质全面发展的基础上，充分显示自己的个性。如在学习每一单元之前，我安排一节课的时间，让学生了解本单元的学习内容，写出已经知道的和还想知道的内容，并制订本单元的学习计划。这样，学生的学习有了计划性，就为他们在课堂上充分展示自己奠定了基础。在课堂内外的许多探究活动和讨论交流中，我注意引导学生敢于发表自己的意见，并鼓励学生对同学们提出的各种观点进行相互评议、相互补充，学会自我评价和相互评价。

2. 建立和谐平等的师生关系，激发学生主动学习，主动参与评价。在师生交往中，尤其在课堂教学中，要消除老师在学生心目中的绝对权威地位。我经常告诉学生，他们可能在某些方面懂得的比我还多，并且书本上的也不是绝对正确，鼓励他们质疑。对于学生提出的问题，我从不忽视，尤其是一些有价值的问题。例如：在学习《蝙蝠和雷达》一课时,我讲到:"蝙蝠的飞行靠的是嘴巴和耳朵。"就有一位同学提出:"蝙蝠的眼睛有什么作用?"我当时对他的这种问题意识进行了高度评价,并且鼓励同学们课后查找资料,下次语文课就改为信息发布会。在信息发布会上,学生讲述了自己收集到的资料。我班还有一个叫王晨的学生,最喜欢在我一进教室时就提问,但他的问题总是海阔天空让人摸不着边。后来,在表扬鼓励他的同时,我宣布每节课的前三分钟由学生自己提出大家感兴趣的问题,同学们可以自由讨论。

二、树立正确的发展观,运用评价手段培养学生的语文素养

传统的智能理论将智能解释为一种以语言能力和逻辑—数理能力为核心的整合的能力,而多元智力理论则强调,智能的本质更多地表现为个体解决实际问题的能力和生产及创造出社会所需要的有效产品的能力,而这些能力显然远远超越了传统教学和评价关注的重点。因此,多元智能理论拓展了教师的"发展观",课程功能由此开始发生着根本的转变,语文课程应该促进学生的全面发展,不但要传授学生知识,还要教给学生方法,更要形成学生学习精神、学习态度,重视培养学生的实践能力和创新能力。

1. 评价必须有利于呵护学生的好奇心。好奇心是每个人创造能力的重要内容,是每个人从事探究的原动力。教师要注意保护、激发学生的好奇心。有的学生喜欢在课后告诉我他知道很多方面的知识,我就及时表扬并鼓励他继续努力。还有的同学提出想不通的问题,我就鼓励他查找资料,并且提供参考方法,愿意随时帮助他。我班举行的"浓浓的乡情"综合实践活动,孩子们的表演项目全是自己查找资料,自己进行设计并表演。大多数同学的表演十分成功,也有的同学表演不是太理想,但我同样给了他们高度评价,肯定他们对活动的参与,引导他们在以后的活动中要进一步做好充分的准备。

2. 开展小组合作探究活动。学期初学生自由组合成学习小组,教给

学生一些基本方法，并告诉他们如何收集资料、整理资料、进行研究等。每到合适的时候，让每个小组向同学们汇报学习结果。小组合作探究活动，既是同学们运用、积累知识的过程，也是掌握探究方法、形成学习态度和精神的过程。

三、树立新的教育观，鼓励学生自我发展、自我展示

多元智能理论不仅提出每一位学生都同时拥有智能的优势领域和弱势领域，而且提出在每一位学生充分展示自己优势领域的同时，应将其优势领域的特点迁移到弱势领域中去，从而促使其弱势领域得到尽可能的发展。因此，教育首先是赏识教育，教师相信每一位学生都是有能力的人，乐于挖掘每一位学生的优势潜能，并给予充分的肯定和欣赏，树立学生的自尊和自信。其次教育是个体化的教育，教师应该更为主动，自觉地为每一位学生设计"因材施教"的方法，以适合其智能组合的特点，促进其优势才能的展示和发展，实现个人价值。

1. 鼓励学生当小老师。在课堂上，我总是鼓励学生上台发表自己的意见，并且用不同的方式进行表达。如学习略读课文《世界地图引出的发现》一课时，在完成"发现什么"后，我鼓励学生自己来讲解。学生走上讲台，像个老师在黑板上写写画画。台下的同学听得很认真，不时提出自己的不同看法，对讲解精彩的，还自发地报以热烈的掌声。

2. 提供学生展示自己的平台。有的学生由于性格原因，没有机会上台展示，有的嫌展示不够，我就建议他们用其他方式表达。如办手抄报，从版面设计到具体内容全由学生自己设计。我每次收上来，写点激励性语言的评价，并且还有同学评价、家长评价。在单元评价时，将他们的日记在全班展示，并且选取一部分同学的日记，由他们自己进行设计，在全班进行宣读。

多元智力理论倡导的评价思想与新课程中学生评价改革的方向相一致，并为建立促进学生全面发展的评价体系提供了有力的理论依据与支

持。而且，以多元智力理论为依据建立的"学生观""发展观"和"教育观"，有助于教师更好地理解和实践新课程所倡导的评价理念，促使评价成为优化教学效果、促进学生发展和改进教学的重要手段。

四、树立新的实践观，科学设计学生的实践和发展

多元智力理论认为学校里没有所谓的"差生"，教育过程的关键是寻找和发现学生身上的闪光点，并发展学生的潜能。如何发现并培养每个学生的优势是教育教学的重中之重。"三天不练口生"，以学生口语训练为例，发现与培育优势能力要重在平时，必须树立"口语课堂处处有，时时用心时时练"的观念，把各种智能训练科学地植入生活、学习的每个环节。在我们的日常生活中，每个人跟别人交流最主要的手段是口语。那么，口头表达能力的强弱直接关系到交流效果的好坏，口头表达能力的培养就显得尤为重要。小学阶段是一个人语言智能发展的重要时期。尽快培养学生清楚、准确地运用语言，培养口头表达能力，是我们小学教师不容忽视的主要教学任务之一。

由于受教材编排、教学时间等方面的限制，每学期仅几堂专门的说话课进行口语训练，显然是远远不够的。如何解决这一矛盾呢？其实，丰富多彩的生活恰恰为我们提供了训练语言的好材料，机会无处不在、无时不有，就看你是否把握住机会、利用机会、为我所用。所以，充分利用生活中的题材激发学生说话的兴趣，坚持"口语课堂处处有，时时用心时时练"的口语教学，对快速提高小学生的口头表达能力有着重要意义。

1. 在课间交流中进行对话训练。对话是人们在日常生活中最重要的交流方式，是人们运用口头语言进行交际的主要形式之一。学生在校最多的自由时间是课间。教师利用这段学生思维活跃的时间，引导学生在交流中对每一个话题的表述都尽量做到说流利、有条理地说准确，并注意选择恰当的对话方式，形成良好的语言氛围和说话习惯，进行会话的熏陶。久而久之，学生就会在会话的不断自我纠正和他人纠正中改正错误，提高说话质量。

2. 活动之后话活动。学校里经常组织有意义的活动，如"艺术节"活动、"六一"游园活动、班队活动、拔河比赛、跳绳比赛等。往往在活动之后，学生还沉浸在活动的快乐之中，余兴未尽。在这种时候，每位学生都有"一吐为快"的欲望。教师可发挥学生的积极性，利用时机组织学生把活动过程中自己最感兴趣、最能给自己带来快乐的情节讲给大家听。这样，学生的说话兴趣盎然，而且有话可说。此时，教师有策略地提醒他们注意自己口述的条理是否清楚、用词是否恰当、语言是否流畅等。久而久之，学生的口头表达能力就自然得到了提高。比如：本学期我校举行拔河比赛、跳绳比赛等活动。这些活动结束后，同学们就情不自禁地讨论开了：本次活动，我们班的成绩属哪个档次，哪个同学表现得非常突出，哪个环节最有意思等。此时，我就因势利导，启发引导学生从活动趣味上、活动形式上、活动氛围上、某一个人的表现等方面展开讨论并交流，每个学生都津津乐道，这样就达到共同提高口头表达能力的目的。

3. 利用电影、电视节目进行说话训练。优秀的电影、电视节目，学生都非常喜欢观看。教师就可以从学生爱看的电影、电视节目中找到切入口，通过多种形式，进行说话训练。如《哪吒传奇》是人人喜欢看的动画片，在学生观看后，我组织他们说说剧中的精彩情节，训练学生说话的条理性、准确性；对剧中的情节进行想象说话；有时让学生转述节目的主要内容。我还组织了一次"《哪吒传奇》人物评论会"，学生的说话具有较强的针对性、层次性，收到良好的训练效果。此外，如中央电视台的"大风车""动画城"等节目中所涉及的话题，都是学生进行口语训练的好题材。这样的说话训练，学生能在愉快的气氛中，既回顾了动画片、电视节目的内容，丰富了知识，又使学生的口头表达能力得到了训练，一举多得，是可以经常性、长期进行训练的好方式。

4. 谈论社会热点话题，发表意见。小学生虽然尚未涉足社会，但他们都喜欢谈论社会上的一些热点话题。教师就可根据学生的这一特点，组织学生谈论并发表自己的意见。我们并不苛求学生谈论问题的本质，只要学生能对问题发表自己的见解，把意思说明白，也就达到了训练的目的。比如：四川汶川发生8级地震一事，我就让看过新闻的学生谈事情的经过，并让他们说说自己对这件事的看法，对地震灾区小朋友说一句话等展开讨论，学生说得头头是道。另外，社会上还有很多热点问题都是学生口语训练很好的话题。教师只要选好话题、认真组织，就能达到比较好的口语训练效果。

5. 在突发事件发生后，进行即兴说话训练。在课堂、校园、社会上经常会发生意想不到的意外事件，学生往往对这些突如其来的事充满好奇，这时候，教师可组织学生进行口语训练。如我班张悦同学肚子疼，袁诗艺同学主动给她倒了一杯热水。我就让学生对此进行评论。又如：王珂同学发烧呕吐，孟森同学主动打扫干净。我就让亲眼目睹的学生说说事情的前因后果，并对此发表自己的看法等。这些生动的生活实例既使学生受到思想教育，又训练了学生的口语。

另外，我们还可以利用早晨十分钟说新鲜事、讲述生活中的情境等形式进行口语训练。只要我们留心观察身边的生活，细心捕捉生活中的说话点，抓住一闪即逝的机会，科学安排、及时组织、扎扎实实地进行不同智能的提高训练，学生的口头表达能力等方面的优势就会得到快速提升和强化。

将奉献写在生命的旗帜上

吕向梅

平凡之中的伟大追求、平静之中的满腔热血、平常之中的极强烈责任感、"平凡"是一种人生,"平静"是一种境界,"平常"是一种态度。回首自己十年的教育生涯,与汗水、泪水相伴的是桃园耕耘的芬芳和弥久愈香的回忆……

一、在平凡中奉献教育

每一名教育工作者,要在"平凡"之中建"奇功",在平凡的工作岗位上,默默无闻,无私奉献,创造不平凡的业绩。要"平静"之中有"热血",以教书育人的自豪感、饱满的工作热情和昂扬的精神状态,投入到工作学习之中。要"平常"之中履行责任,以高度的事业心和责任感干好本职工作,履行好职责,干出成绩。我在教育这方热土上已经默默耕耘了十个年头。十年,风雨无阻,忠于职守,三尺讲坛,为了学生,奉献自己,历尽沧桑,苦尽甘来,但我对教育这方热土的爱却让我无怨无悔,忠诚于党和人民的教育事业。

我爱教书这一行。从上师范的那天起,我就立志当一名优秀教师,一名学者型教师。踏上工作岗位后,这种愿望就更加强烈,目标更加明确。我深知要当一名优秀教师，首先需要有先进的教学理念、过硬的专业知识和高超的教学艺术。我从小就有很要强的个性，我的教育思想是："热爱学生，教书育人。"所以我就利用一切可以利用的时间来"自我充电"。在别人逛街闲聊的时候，我坐在培训班的课堂里；夜深人静时，我学习桌上的灯一直亮着。只要听到哪里有优秀教师讲课的消息，我都积极争取参加。平时在教学之余，我努力抽时间向其他教师学习，取长补短，博采众家之长，让我摸索出了什么样的课才是学生最喜欢的；为了跟上时代步伐而不至于落后，我还常跑阅览室，到互联网上去了解最新信息，学习先进经验；学校组织的每一项活动，我都积极参与……在学校领导和同事们的关心帮助下，加上自己勤奋钻研，我在教育教学中开始了大胆的创新：让多媒体走进课堂，用声情并茂的诵读来感染学生，辩论会、演讲会张扬了学生的个性，自主合作探究的课堂有效地提高了学生素质……在作文教学上，我打破陈规，实行"自改互评"的作文教学模式，放手锻炼学生自我修改、自我评价的能力，经过坚持不懈地学习，我的教学能力日益提高，教学经验日益丰富，这使得我的学生会学、乐学。我的学生们都说："我们爱上吕老师的课。她的课不生硬、不枯燥。"

爱岗敬业是高尚师德的核心，无私奉献是教师这一职业的基本要求。"不给学生耽误一节课，给学生上好每一节课"是我给自己定下的规则，虽然我也有带病上课的经历，也有顾不上家中老人、孩子的歉疚，但我认为：作为一名新时代的教师，不应该将爱岗敬业仅仅停留在那种不顾家庭、不顾身体的硬拼、死拼上，而应该有更高的理念、更高的追求。衷心热爱自己的职业，孜孜以求不断学习，全方位提高自己的业务技能，在平凡的岗位上做出不平凡的业绩，这是我对爱岗敬业的理解，也是我始终追求的目标。

二、捧着一颗心来，不带半根草去

在平静中耕耘，使自己能够持之以恒地认真教学、扎实研究。时代的发展为每一位普通教育者提出了诸多全新的问题，大到如何全面提高教育质量、提高人才培养质量，小到如何读书、写作和交往等问题。这些问题的解决都离不开每一位教育工作者的"满腔热血"，离不开他们敢闯敢干的拼命精神。学生问题再小也是大问题，教育上的事情再细微也是大事情，要想真正做到这一点，就必须满怀热情，实心实意替学生着想。

著名儿童教育家孙敬修说："教师要热爱学生，应把学生看成是自己的亲生儿女，对他们的关心、热爱和责任感还应超过自己的亲生儿女。有了这种感情，才能把每一个学生培育好。"多年来我始终认为教师应该像父母对待子女一样，既要一视同仁，又要能把爱心更多地分给弱小的孩子。我深切地感受到，一个老师只要以一颗真诚的爱心对待自己的学生，定会收到意想不到的教育效果。

有一个学生，最初分到我班的时候，学习大大落后于其他同学，而且失去了学习的兴趣。通过日记我了解到这是一个生长在离异家庭中的孩子。父亲体弱多病长年卧床，母亲因承受不了沉重的生活压力而离开了这个家，后来父亲离开了人世。孩子的生活全靠爷爷奶奶。不幸的家庭遭遇使这个孩子幼小的心灵承受着难言的折磨，自卑、仇视的心理使这个孩子冷眼以对周围的一切。面对这样一个特殊的孩子，我知道心灵的创伤要用"心药"医治。平日里，我利用课余时间跟他谈心，鼓励他"人穷志不能短"；天冷了，我提醒他加厚衣服；没钱买饭时，我常常亲手递给他钱去买饭……记得一个冬天，他的手上早早地长满了冻疮，我看在眼里，急在心上。于是，我就给他准备了一幅新手套，并给他配了一些治冻疮的药，接到这些东西时，他向我深深地鞠了一躬，后来这个学生有了转变，不再以仇视的眼光看待周围的人，学习成绩也突飞猛进，期中考试成绩较好。

三、一支粉笔写人生，三尺讲台铸灵魂

在平常中闪光，使自己牢记责任、不计得失、竭尽全力地做好教育工作。甘于平凡是一种责任意识的体现，勇于创新也是一种出于责任意识的本然要求，一旦将这种责任感内化到内心深处，它就成了一种基本的生活态度，使我们在日常工作中敢于担当自己的使命，敢于担当工作中遭遇到的困难，更敢于担当自己的过失，始终保持一名知识分子应有的责任意识。

女人的幸福，来源于家庭。丈夫的支持与理解，孩子的天真和懂事，营造了家庭的温馨与和谐，成就了身为女人的幸福。

教师的幸福，来源于学生。学生学业有成，健康成长，成就了身为教师的幸福。

但是，把两者结合起来，身为女教师，要想获得双重的幸福，很不容易。传统的美德要求我们做好相夫教子的贤妻良母——因为你是女人；时代精神告诉我们，要想获得平等的权利，就要尽到平等的义务，我们必须和男性同胞一样做好自己的本职工作——因为你是教师，是从事着有"人类灵魂工程师"之称的职业女性。

作为一名小学教师，尤其是要当一名优秀班主任更不容易。每天早来晚走，从家到学校，从学校到家。好不容易孩子睡了，教研组长的责任，常常让自己睡不着觉，常常坐起来思考下一步的工作安排，有时上网查找资料到晚上12点。作为一名教师，我无怨无悔；但对于孩子，我却怀有深深的歉疚。孩子从出生到现在，一直是公婆照料，从起居饮食到教育，我没有尽到母亲的责任；作为妻子，家务顾不上，全推给了公婆，婆婆因腰椎间盘突出经常疼痛，作为儿媳，我不但帮不上忙，反而还拖累他们，谁不想有个幸福的家庭、温暖的所在，虽然暂时无法享受那份情意绵绵的爱、天伦之乐的爱，但职业的追求，事业的向往，使我享受到另一种爱：那就是对工作、对学生的爱，作为一个教师对教育事

业的爱，这是一种最深沉的爱、最真挚的爱、最博大的爱。

每当教师节来临，每到新年前夕，我总会收到学生们亲手制作的贺卡。虽然，画面不够精美，字体不够漂亮，制作也很粗糙，可是，那一句句衷心的祝福，一声声热情的问候，是给我的最高的荣誉，也是对我最大的勉励。

记得一节语文课上，我让学生各说一句他们最想说的话，有的说："老师，我希望您永远永远教我们。"有的说："老师，我希望您的笑容永远那么灿烂。"这是多么简单而又朴素的愿望啊！我深深体会到：老师对学生的爱，会被学生内化为对教师的爱，进而把这种爱迁移到教师所教的学科上，正所谓"亲其师，信其道"进而"乐其道"。

四、爱心洒向学生，桃梨回报师恩

一腔热血勤珍重，洒去犹能化碧涛。伟大的教育事业要求我们必须拥有伟大的追求，活力四射的学生要求我们必须拥有满腔的热情，教育的历史使命要求我们必须拥有强烈的责任感。让我们大力弘扬"三平精神"，做一名"三平"教师，在平凡的三尺讲台上创造不平凡的光彩人生！

在教育园地默默地耕耘中，虽历尽辛苦，但一路走来，我也收获了一些果实。每次考试我所教班级的语文成绩都在全年级名列前茅。我们年级的语文总成绩也名列前茅。我没有惊人卓越的成绩，但有十年来在教育这块园地上所作的默默耕耘、点点滴滴、平平凡凡。作为一名青年教师，我只想做到兢兢业业工作，实实在在做人。

"将奉献写在生命的旗帜上"是我最简单的座右铭，也是我最朴素的心声！

洒向学生都是爱

刘建霞

面对几十双明亮、充满童稚的眼眸,面对几十颗纯真的心灵,身为一名人民教师,我常常问自己:"孩子,你喜欢什么样的老师?"二十年的教学生涯告诉我:只要我带着一颗赤诚的心,献出一份真诚的爱,才能赢得学生的喜欢和爱戴。

一、教师要为人师表

除了父母,教师是学生相处时间最多,对学生影响最大的人,教师的世界观,教师对学习、对生活的态度,教师的理想和追求,无不通过言行举止表露出来,时时刻刻潜移默化地影响着学生。作为理想、道德和知识的传播者,教师必须有正确的信仰、高尚的品德。平日里我处处规范自己的言行,事事做学生的榜样,以大方的仪表,端庄的举止,亲切的态度,文明的语言和良好的审美素养等形成一种无声无形的教育动力,去感召学生,启迪学生,最终达到为人师表,教书育人的目的。如:有一次,我在教室里巡视学生的作业时,不慎踩在一位把脚伸到走道上的同学的脚上,这时,我马上诚恳地道歉:"对不起!"这位学生不好意思地说:"我不该把脚伸到走道上。"还有一次,两个学生为了一张地上的纸屑而争吵,一个说:"在你座位旁。"另一个说:"是你踢到我这儿来的。"我听他们这么一说,二话没说,弯下腰捡起了那张废纸,扔进了纸篓。几位学生看我这么一捡,都纷纷把教室里的纸屑一一捡了起来。谈话课上,我没有批评那两位同学,表扬了刚才看到纸屑主动捡起的学生,并向同学们讲解爱护校园环境卫生,从点滴小事做起的道理。这一做一讲,使同学们受到深刻的教育。两个争着不肯捡纸屑的孩子从中也受到了教育。这一切,都无声地教育着学生,影响着学生,使他们在一种良好的环境和气氛中健康成长。

二、教师要与学生平等

教师面对的是一个个鲜活的生命和稚嫩的心灵,只有充分尊重学生的人格,尊重学生的主体地位,用多把尺去评价学生,宽容学生成长中的错误,才能与学生建立民主、平等、和谐的现代新型师生关系,在此基础上才能充分享受彼此之间的理解、尊重、支持与鼓励。这一点在我教育实践中有着非常深刻的体会。我班有一名学生,由于父母关系不和,使孩子无法正常学习和生活,同时使他性格变得孤僻,却爱搞恶作剧。我一度很不喜欢他,每当他做些恶作剧时,我总是大声、严厉地呵斥他,结果师生关系比较僵硬。有一次,我在上《温暖的集体》一课时(当时有很多老师在听课)他竟站起来说:"我在集体中感到一点不温暖,我觉得孤单,没人喜欢我,我讨厌学习,我恨爸爸、妈妈没完没了的吵……"从那天起,我真正理解他一颗幼小的受伤的心,我也明白了:为什么我提到大家来关心我们的集体,班级是我们的大家庭,"我"是集体的一员时,他总是投来不屑的目光,我后悔对他的粗心。从那以后,我找他谈心,跟他聊天,说说心里话,我们建立了非常真挚的师生友谊,并通过一段时间的耐心引导、点拨与鼓励,最终他战胜了自我,走出了心理误区。毕业那天,他来到我办公室,对我说:"老师,是你用心指导了我,才使我有了今天,在以后的日子里,我会记住你的教导……在此我衷心地感谢你。"每当回忆起这些,我都能感受到无比的快乐和幸福。其实要说感谢的应该是我,是她让我感受到人世间最美好的信任情感,这种情感又不断地激励着我在今后的道路上更加不知疲倦地去塑造美好的心灵。

我想:今天的教师如能唤醒自己的心灵,去充分感受教育的快乐,并与强烈的责任心和使命感融为一体,教育就会更加美好。平时我经常深入到学生中去,参加他们组织的活动,满足他们的合理要求,在与学生接触时,不摆架子、以诚相待,跟他们聊聊家常,说说心里话,当学生有过错时,不是严加指责,而是抓住其细微的心理变化,充分理解学生,帮助其分析发掘错误根源,引导他们说心里话,鼓励他们改正错误,融洽师生关系最关键的要做到对学生具有宽容的态度:有一次我与学生一起大扫除,我脱掉鞋子在擦日光灯,学生帮着端水,搓抹布,两学生争着去换水,一不小心脏水倒翻,全倒在我的一双鞋子上。两位学生呆呆地站在原地不知如何是好,这时我笑着对那两位学生说:"没关系,抢着为班级干事是一件好事,倒翻了水又不是故意的,以后小心点……"两位学生听我这么一说,如释重负,轻轻地说了一句:"老师对不起!"我觉得对于学生冒失而犯的错误,不能太计较,只要不是品质问题,只要没有产生严重后果,该宽容的宽容,该谅解的就谅解,忍一忍有利于师生感情的建立,有利于学生心目中的形象,湿了一双鞋,使学生从中受到教育,学生会在默默的内疚、自责、懊悔中修正自己的行为,印象更深刻,教育效果更好。

三、教师要讲奉献

教师只有内心充满对学生的爱和尊重,才会事事从学生利益出发,处处为学生着想,在他们需要帮助时伸出援助之手,这种援助有时需要有忘我精神,奉献精神,即想为学生所想。我班有一学生,父母长期在外打工,那一年暑假前,我便接到了一个电话:"沈老师,我们现在居住的环境很差,不能把孩子带来,我们的孩子在暑假里请你多照顾。"我迟疑了一会儿，因为我想到了自己因高血压而常常头晕的身体，想到家里同样工作繁忙的丈夫和学习紧张的儿子。但当我听到话筒里孩子父亲无奈的声音，想到了她是我的学生……我马上平静地答应了，孩子来到我家以后，改变了我一些生活细节，我每天为她洗澡、洗衣、辅导作业，晚饭后带他散散步，谈谈心……很快一个暑假过去了，我在孩子清亮的目光里看到自己的笑意，盈盈交融，那样美丽。那一刻我终于理解了曾读过的一段有关教育的论述：教师对学生的爱无微不至，不仅要关心学生知识的需要，更要关心学生情感的需要。同时自己也从中获得了一分暖意、一分幸福，是那份真诚的"爱"让我们手牵手，师生共同快乐着。

浅谈少先队活动中少先队员良好习惯的培养

齐玉芹

一位教育家说过:"教育就是培养一种良好的习惯。"良好的行为习惯会形成好的性格,良好的习惯会影响一个人一生的命运。过去的教育重视认知、忽视行为,导致孩子总讲大道理,言行不一。其实儿童时期是养成良好习惯的黄金时期,少先队辅导员要创造性地开展各种形式多样的体验教育活动,让队员们初步地接近社会、了解社会、适应社会,不断地调整自己与他人、群体间的关系,让队员们在亲身的实践体验过程中,逐步地将做人、处事的基本准则转化为自己养成良好的行为习惯的动力和要求。因此,我班级中开展了如下多种形式的少先队活动,让他们在学习之余享受着成长的快乐。

一、感恩活动

现在的孩子独生子女较多,父母对他们倍加呵护,对他们的要求也会尽力满足。这样形成孩子以自己为中心的性格,不会体会父母的辛勤付出,不会感受老师的辛勤教育,不会回报伙伴们的热心帮助。针对此种情况,我组织队员们开展了以下感恩回报教育活动:

（一）给父母的一封信。我让每个队员给父母写一封信，想一想自己的父母每天在怎样的工作，父母每天为自己做了哪些事情，你能为父母做些什么事情呢？接下来，我要求队员用行动表示对父母的感激之情。自己的事情自己做，家里的事情帮着做。要求队员们在日常生活中凡是自己的事都要独立地完成，如打扫自己的房间、整理自己的东西、手洗自己的袜子等；另外，还要帮家长做自己力所能及的事，如洗碗、拖地等。通过这些活动，不仅锻炼了他们的能力、磨炼了他的意志，还让他们感受到了做父母的艰辛，也让他们更加热爱自己的父母，从而对他们进行了一次良好的道德情感教育。

（二）当一周小班主任。我让队员轮流当一周的小班主任，负责班级的晨读、课间操、课堂纪律的检查、卫生及学生矛盾的处理解决等事情。通过这个活动既锻炼了学生的能力，又让队员在学习生活中体验老师的辛苦，获得为人师表的真实感受，明白尊重老师、尊重别人的劳动成果的道理，学会"自主学习、自我管理"的本领，做老师的好帮手。

（三）夸夸我的小伙伴。列宁说："榜样的力量是无穷的"。榜样在一个人成长过程中可以起到引航的作用。可以说，在培养行为习惯方面，榜样法也尤为重要。榜样以它独有的生动形象，具体的特点在教育过程中对学生具有强大的说服力和感染力，对学生形成良好习惯具有重要意义。我经常让队员互相说一说小伙伴的优点，小伙伴对班级的贡献，自己应该学习的地方；说一说小伙伴对自己的帮助，并真诚的表达自己的感谢。通过这个活动，让品质优秀的学生感到光荣和自豪，进一步积极努力地做下去，为同学们树立好的榜样；同时影响着其他的同学，使他们渐渐形成良好的行为习惯。

（四）开展感恩主题队会。通过一段时间对父母、老师、同学感恩体验行动，队员们体会到了每一个人的成长都离不了周围人的关心、爱护和帮助。在队会上，他们用小品、故事、朗诵、歌唱等各种形式表达自己对父母、老师、同学的感恩之情，使所有队员再次感受到身边爱的阳光雨露。

二、设立自主管理小岗位

我们班级的班训是：自主管理，健康成长。班级的小岗位分为管理性岗位和服务性岗位。管理性岗位有：小班主任、晨读小干部、眼睛保健操、体操小干部、图书管理员、负责卫生检查的卫生监督员；服务小岗位有：负责关灯、关风扇、关空调、关饮水机的节能小卫士，负责门窗卫生的清洁小卫士，负责文明礼仪的小监督员。每个队员都有自己的小岗位，要做到各司其职，这些小岗位定期轮换，使队员能体验到不同的责任。通过这个活动使队员们学会了尊重别人的劳动，体验到了为别人服务的光荣和快乐，培养了队员的责任感，锻炼了学生的管理能力和团结合作的能力，同时使辅导员老师工作减轻了许多。

三、开展讲故事比赛

看故事，讲故事是学生很喜欢做的事情。我们班每月开展一次讲故事比赛，每周确定一个主题，如：乐于助人的故事，感恩的故事，英雄的故事，科学家的故事等，并对讲故事精彩的学生进行奖励。让学生在读故事，讲故事过程中找到自己学习的榜样，学会和同学友好相处，互相帮助，学会宽容，学习科学家善于观察、勤于思考、遇到问题锲而不舍的精神。

四、低碳生活从我做起

低碳生活是全球气候变暖的形式下人们理智的生活态度。作为一名少先队员，应该知道什么是低碳生活，在生活中可以做哪些力所能及的事情为低碳出把力。因此，我让学生上网查资料，办低碳生活手抄报，开展好点子交流会。通过这些活动，队员对低碳生活有了认识，知道可以从身边的点滴小事做起，如：节约用电，开电视音量小些，勤关电灯，少开空调；节约用水，主动关紧水龙头，洗衣服的水可以用来拖地，冲马桶；做到多喝白开水，少喝饮料；少用一次性筷子，少用一次性塑料袋；少买多余的衣服以及生活学习用品；本子反正面都用，不用修正液、修正带等。每个队员都成为低碳生活的小宣传员，并以行动影响带动着周围的人们。

"人之初，性本善，性相近，习相远。"无论哪个孩子，当他出世的时候，都具有优良的品质。在他成长的过程中，会受到很多影响，有来自周围环境的影响，也有来自成年人的影响，这些优良的品质可能会受到损害。我们开展的丰富多彩的少先队活动，为少先队员提供了一个健康成长的环境，培养了他们良好的行为习惯，使他们的优良的品质得以发扬光大。

初探高效课堂教学模式中的评价

王 艳

评价是引领、是高效课堂的法宝。要使课堂上学生能长期的保持"善于交流，勇于展示，敢于质疑"的积极状态，就必须要做好评价工作。基于这点认识，在探索高效课堂教学模式的基础上，我大胆地进行了评价改革。

一、努力做到赏识评价

不管是什么评价，出发点应是对学生的赏识，鼓励学生多参与课堂，让学生树立一种参与无错的意识，并要求学生不要对回答错的学生进行嘲笑。这样学生才有心理的"安全感"，才敢于将所思所悟、所感所想展示给大家，培养学生自信心。对学生的赏识方式有很多，比如写赏识评价语，可以在书面上或黑板的评价板块上对某些同学进行赏识评价，表扬某某同学进步很大；利用照片进行赏识，可以选择班级前15名，进步大的10名同学，优秀组长，乐于助人的榜样等等，把这些学生的照片张贴在明星栏里；对于变化特别大的同学还可以进行物质奖励，发笔或本，也可以满足孩子的一个小小的心愿等等。

二、努力做好导向评价

评价还要具有导向性,在高效课堂模式推广运用的不同阶段,根据实际需要所进行的具有指向性的评价称之为导向性评价。如发现学生课前预习不充分、课堂展示语言有口头禅或不简练或课堂争抢没规则等,就可以加重强化在这些方面的评价权重。简单地说就是想达到什么就评什么,需要什么就评什么,缺什么就评什么,从而达到"评什么就有什么"的目的,以此规范学生的学习。再如发现学生在课后拓展延伸环节还在就题论题,可以用评价语让学生知道自己此时该做什么。

三、努力坚持多元评价

从评价的主体来讲,也要体现多元性,要打破传统评价中教师单一评价的现象,教师更重要的任务是引导学生实现学生自评、生生互评以及家长评价等多元主体评价,以实现学生自主发展的需要。

四、努力做细量化评价

(一)学生个人量化评价

以下两项分数之和为学生个人的评价得分。

1. 导学案

分为 A、B、C 三个等级:

A 级:导学案书写工整,答题规范,有详细的总结反思,正确率、完成率都在 90% 以上,给 7—10 分。

B 级:导学案书写较工整,答题较规范,有总结反思,正确率、完成率在 80%—90%,给 4—6 分。

C 级:导学案书写欠工整,答题不够规范,总结反思不全面,正确率、完成率在 80% 以下,给 0—3 分。

这项成绩最高分为 10 分,由老师在第二次批改导学案时评定,由小组长登记分数。

2. 课堂展示

(1)规定展示:对老师规定的学习内容进行的展示评价分是下列几

项分值的累加：

①是小组成员轮流展示的得 1 分，若由学习成绩比较落后的学生展示的得 2 分；

②板书工整、正确，评讲时大方、声音洪亮、语言精练、规范、有肢体语言等，得 4—5 分。板书欠工整、正确，评讲时不够大方、声音不够洪亮、语言欠精练、规范、没有肢体语言等，得 2—3 分。

③对学生提出的疑问和不同见解，能进行正确的解答和评析的，得 2—3 分。

本项成绩最高分为 10 分，评分由小组之间交叉评定。

（2）自由展示

①能主动提出问题、敢于质疑、辩论的学生得 2—5 分。

②能积极主动的回答问题的学生得 1 分。若又能正确的回答问题的再加 2—4 分。

本项评分最高分为 5 分，由小组之间交叉评定。

3. 学习成绩的评价

以每次考试成绩换算为满分 10 分计算。

这项最高分为 10 分，由老师评定。

（二）学习小组量化评价

以下两项得分之和为小组评价得分。

1. 该小组每一个学生的得分之和。

2. 在课堂上，小组中有学生做与学习无关的事，说与学习无关的话等影响课堂学习的行为，扣 4—8 分。这项由任课老师评定。

（三）成绩汇总和奖励

1. 学生个人成绩和小组成绩由值日班长当天放学前汇总交班长，并将个人成绩前十名和小组成绩前三名在班级公布，予以表扬。

2. 班长每周将学生个人成绩和小组成绩汇总，将个人成绩前十名的同学和小组成绩前三名的学习小组在班级公布，予以表扬。

3. 班级每月将学生个人成绩和小组成绩汇总，将个人成绩前十名的学生和小组成绩前三名的学习小组上报年级组，由年级组评出优秀学生和卓越学习小组，全年级进行表彰，并发奖状以此鼓励。

以上是自己在评价方面做的一些尝试，在实践过程中起到了良好的促进作用，但也存在着一些问题，比如有学生认为组长得分不公平，有同学认为该得3分，而组长和组员却认为该得2分，经常因为这些事找我评理，虽然这些事有些琐碎，但从这些事中我看到了学生的积极性，我为此高兴，同时我也相信在以后的实践中我一定会找到解决这些事的好方法的！

教 案

课改前沿勇于探索，一路艰辛一路收获。在路上，一切为了学生的学……

《触摸春天》教案

郭振芳

一、回顾旧知，揭示新课

1. 上节课，我们结识了一个新朋友——安静，知道了她的故事，今天我们将透过这散发着墨香的文字走进盲女孩安静的内心世界，和她一起触摸春天，感受美好春光。

2. 现在，在我们开始新知识旅程之前，首先来温故而知新。下面我想请几位同学接力读全文，谁愿意向大家展示一下你的朗读水平？其他的同学一边听一边想，本文写了一件什么事。（读完后简评一下，鼓励为主，并引导学生概括课文的主要内容：本文写了盲童安静拢住一只蝴蝶并把它放飞的事。）

二、研读课文，感受安静对生活的热爱；读悟作者，走进生命的春天

1. 下面请同学们闭上眼睛回忆一下，课文中描绘的哪些画面出现在你的脑海里？指名回答，教师相机板书。

花香中流连—花丛中穿梭—准确地把手伸向一朵月季花—拢住蝴蝶—放飞蝴蝶

2. 选择其中的一幅，认真地读一读描写这幅画面的文字，想一想从这些文字中你感受到什么，你能把自己感受到的读出来吗？

（1）学生找读，感悟，旁注。老师巡视并个别指点。

（2）小组内交流。

（3）全班交流。（根据学生的发言，相机出示语句，帮助理解。教师点评穿插其中。要求：①认真聆听，鼓励互相补充指正；②感受相同画面的文字时，敢于补充，但不说重复的话；③汲取别人的经典发言，成长自己。）

三、总结收获，体验情感

1. 读课文的最后一段话，画出作者从安静的行为中感受到的道理。课件出示"谁都有生活的权力，谁都可以创造一个属于自己的缤纷世界。"这句话，请学生读一读，谈谈对这句话的理解。

2. 思考：安静创造了一个怎样的属于自己的缤纷世界？她为什么能够创造自己的缤纷的世界。

3. 再读"谁都有生活的权力，谁都可以创造一个属于自己的缤纷世界。"出示补充材料：

出示课文中的插图，《千手观音》剧照，海伦·凯勒相片，教师随机旁白：一个盲童在花丛中用手、用心灵来感受美好春天；一群残疾人用她们美妙绝伦的舞姿征服了观众，做出了许多正常人也做不到的事；海伦·凯勒——一个生活在黑暗中却又给人类带来光明的女性，一个幽闭在盲聋哑世界里的人，竟然毕业于哈佛大学，并用生命的全部力量处处奔走，建起了一家家慈善机构，为残疾人造福，被美国《时代周刊》评选为20世纪美国十大英雄偶像。

4. 读过课文，读过这些材料，你从中受到什么启发或感悟？你想对自己说些什么？或者你想对身边的朋友说些什么？请随着轻松的音乐，打开心灵之窗，写下自己所思所悟。

5. 教师巡视，相机向全班推荐。

6. 出示语句："谁都有生活的权利，谁都可以创造一个属于自己的缤纷世界。"齐读。

四、拓展阅读，升华情感

1. 请同学们谈谈学习课文之后，有什么收获？（总结理解句子的方法：扣住重点词句，展开联想深入领悟；联系上下文；联系生活实际；联想名人、名言、故事、书籍；抓住原句反复沉吟，找出感悟……）

2. 可爱的小姑娘安静虽然无法用眼睛看见多姿多彩的春天，却能用心灵触摸到。海伦·凯勒说："世界上除了用眼睛看世界，还有一种内在视觉，那可能是真实的，那就是用心去看这个世界。"下面请同学们自读"阅读链接"中的内容。

3. 全班交流：在树林中"我"为什么会有这样的发现？

五、布置作业，课外延伸

1. 按照课后学习伙伴的提示，搜集热爱生命的感人故事，小组合作办一份以"热爱生命"为主题的板报。

2. 课下阅读《假如给我三天光明》，写读后感想。

3. 老师祝愿：愿同学们拥抱春天，热爱生活，珍爱生命，成为绚丽月季花园永远的主人，心中永留那份春光灿烂。

《母鸡》课堂教学实录

黄晓娟

《母鸡》是人教版第七册的一篇略读课文,作者是著名作家老舍。这是一篇脍炙人口的佳作,描写了作者对母鸡的看法变化,表达了对母爱的赞颂之情。教学目标是:认识 7 个生字;有感情地朗读课文,感受母鸡作为一个母亲的形象,体会母爱的伟大;比较《母鸡》和《猫》在写法上的特点。

语文教学的课堂就是情感的课堂。结合我校国家"十一·五"实验课题"以情趣促小学生主体多元和谐发展",在教学过程中,我着力激发学生的学习兴趣,补充课外文章及运用音乐渲染达到情感升华,联系实际完成情感内化,努力做到突显学生主体性。

本课为略读课文,我计划两课时完成:第一课时学文、悟情,第二课时进行《母鸡》和《猫》的写法比较。下面展示的是第一课时。

教学过程:

一、激发兴趣,导入课题

1. 师:孩子们,看老师今天给大家带来了什么?

(师简笔画出一只带着两只鸡雏的母鸡。)

师：你们见过这样的母鸡吗？

生：我在奶奶家见过一只母鸡带着一群小鸡，特别可爱。

生：我在电视上看到过这样的情境，鸡妈妈特别慈爱，有了吃的东西先让小鸡吃。

2. 师：从你们的表情、语言中，老师感受到了你们对母鸡的喜爱。今天，我们来看看老舍先生对母鸡是什么样的情感？

［说明：兴趣是最好的老师。不需多言，用简笔画出可爱的小鸡，一下子就调动了孩子们的好奇心理，有了学习课文的兴趣。］

二、初读课文，感悟内容

1. 师：读课文，细心地体会老舍对母鸡的情感？

（生读师巡视。）

2. 师：你发现老舍对母鸡的感情了吗？

生：我发现老舍先生对母鸡很钦佩。

生：我发现老舍先生最开始不喜欢母鸡，特别讨厌它。

师板书：讨厌—钦佩

［说明：课前已布置学生预习课文，要求自学生字词、把课文读熟，所以初读课文后学生就可以准确地感悟到老舍先生的情感。］

细读品悟

1. 师：你发现母鸡哪些地方令人讨厌？

生：我发现母鸡就爱天天瞎叫唤。

生：我发现母鸡不敢欺负公鸡，却欺负最老实的鸭子。

生：我发现母鸡一下蛋就到处嚷嚷。

师板书：无病呻吟 欺软怕硬 发狂炫耀

师：这样的母鸡着实让人讨厌，带着对母鸡的讨厌读课文。

（生自读、师指名读、生齐读）

2. 师：当母鸡做了妈妈后，你发现母鸡让人钦佩的地方了吗？

生：我发现母鸡时刻警戒，负责小鸡的安全。

生：我发现母鸡把好吃的给孩子，自己却饿瘦了。

生：我发现母鸡不止一遍地教孩子学本领。

生：我发现母鸡变得非常勇敢。

师：让我们带着对母鸡的钦佩读一读课文。

（生齐读）

师板书：负责 慈爱 辛苦 勇敢

3. 师：作者怎样称赞母鸡？

生：它伟大，因为它是鸡母亲。一个母亲必定就是一位英雄。

师：老舍先生仅仅是在赞颂母鸡吗？

生：老舍其实是在赞颂伟大的母亲。

师：是啊，是在赞颂为我们日夜操劳、无私无畏的母亲啊！

［说明：问题的设计努力突显孩子们的主体性。］

拓展升华

1. 师：孩子们，母爱重如山，深如海。今天，老师带来一篇文章《血奶》来与大家共同感受伟大、厚重的母爱。

（师配乐动情朗读）

师：孩子们，母爱无私。大难来时，母亲决不放弃自己的儿女，哪怕付出自己的生命。那一滴滴血奶，超度了生命，化作了生生不息的生命之火。孩子们，听了这个故事，你有什么话想说？

生：这位母亲真伟大。

生：这位母亲了不起。

2. 师：孩子们，也许我们与母亲之间没有经历过惊天动地的事情，我们更多的时候体会到的是来自母亲悄无声息的关怀。说到这儿，老师不由得想起了小学三年级时妈妈一夜未睡为我赶做棉鞋的事……我骄傲，我有一位伟大的母亲。

（放音乐）师：孩子们，来，打开记忆的大门，把曾经发生在你与妈妈之间的故事说给我们听，让我们共同感受伟大无私的母爱，认识平凡而伟大的母亲。

生：妈妈深夜带我上医院，给我穿得很厚，妈妈却穿着单衣。

生：妈妈替我挡了一下摩托车，结果妈妈被撞倒后骨折。

生：妈妈有病不愿吃饭，却带病为我做饭。

生：妈妈自己穿着旧鞋，却给我买新鞋。

3. 师：母爱是一滴滴甘露，我们安然地享用着她，让我们带着感恩的心共同朗诵一首诗《母爱》。

师生齐诵。

[说明：通过动情地朗读，联系实际升华感情，完成情感内化，使孩子们学会感恩，完成课文的悟情目标。]

总结

师：孩子们，我们多么幸福啊！整天沐浴在母爱中，让我们珍惜母爱，用心去感受爱、回报爱、给予爱，努力学习，做好力所能及的事情，努力用爱创造出生命的奇迹和精彩。

《和时间赛跑》说课稿

黄晓娟

庄子曾经说过一句劝世人珍惜时间的名言:"人生天地之间,若白驹过隙,忽然而已。"我今天说课的内容就与珍惜时间有关,课题是小学语文人教版课本三年级下册第13课的一篇精读课文——《和时间赛跑》。

一、说教材

1. 教材简析

这是一篇清新、淡雅又略带忧伤情绪的散文。在这篇课文里主要讲了两层意思:一是"我"从爸爸的谈话中,从太阳落山、鸟儿的飞行中,明白了为什么要珍惜时间;二是从"我"和时间赛跑的经历中体会到怎样珍惜时间。本文通过作者的亲身经历,启示我们在成长的过程中,怎样珍惜时间,使人生的每一天过得更加丰富、更有意义。这是一篇教育学生珍惜时间的好教材。

2. 教学的重点、难点

本课的教学重点是:虽然"光阴似箭,日月如梭",虽然"所有时间里的事物,都永远不会回来了",但是,"假若你一直和时间赛跑,你就可以成功"。使学生在阅读时获得这一启示,并能引导他们对这一问题有所感悟。

由于时间的概念比较抽象，学生对时间概念也比较模糊，因此，引导学生感受珍惜时间的意义，是本课学习的难点。

3. 教学目标

（1）知识与技能：学会本课生字新词，理解词语。感情朗读课文，背诵自己喜欢的部分。展示收集、积累的珍惜时间方面的名言警句。

（2）过程与方法：能对自己不理解的语句质疑，能联系上下文和生活经验，在个性化的朗读中理解重点词句的意思。

（3）情感、态度和价值观：懂得时间一去就不复返，要懂得珍惜时间的道理。

二、学情分析

三年级孩子的语文学习进入一个转折期，由原来的识字写字为重点转移向阅读教学过渡，要注重教给学生阅读方法，培养学生阅读能力。《和时间赛跑》是本册本单元的第一篇阅读教学教材，要引导学生将第三单元学到的"联系生活实际理解课文中的关键词句"的方法在本课的学习时加以尝试和运用。

三、说教法和学法

（一）教法

1. 授之以渔，教给学法

"教是为了不教"，达到用不着教的唯一方法是"授之以渔"，即教给学生学习的方法，从而培养学生的学习能力。如质疑学文；收集并整理有关珍惜时间的资料；能联系上下文和生活经验理解如"所有时间里的事物，都永远不会回来了"等含义深刻句段的学习方法。

2. 注重朗读，感悟内容

朗读是最经常、最重要的阅读训练，也是理解课文内容、体会课文思想感情的主要方法。叶圣陶先生指出："吟诵的时候，对于研究所得的不仅是理智的了解,而且有亲切的体会,不知不觉之间,内容与题解化为读者自己的东西了,这是可贵的一种境界。"课文中语句内涵深刻,对于三年级学生,由于缺乏生活经验以及智力发展水平的限制,更是需要反复朗读、细细品味,这样才会理解与意会课文内容。

3. 加强训练,培养能力

众所周知:属于基本技能的东西,如写字、读书、习惯等,是需要扎扎实实地进行训练的。叶老曾说:"凡是技术,没有不需要练的。"中国的俗语"拳不离手,曲不离口"也都阐明了训练的重要性。课堂上,应抓住一切可选用的机会进行训练,如朗读训练、说话训练、思维训练等等。

(二)学法

教是为学服务的,为了让学生真正掌握本篇课文含义深刻的语句,我引导学生运用"朗读—理解—感悟—朗读"的方法来读懂这篇课文。叶老说过:"活读运心智,不为书奴仆。"只有学会怎样读书,才能将一本死的教材读活,因此,对学生进行学法的指导尤为重要。

四、说教学流程

我计划安排两课时进行本文的教学。在第一课时学习了生字新词、初读课文、了解课文大意后,本课时着重进行课文重点句段的学习。今天重点说第二课时,完成目标2和3。

1. 导入新课

首先用解题切入的方法导入新课。今天,我们继续来学习第13课,板题(13. 和时间赛跑)。随后,在学生初步学习了课文内容的基础上,请学生说说课文大概内容和启示,如珍惜时间,时间很宝贵等。最后,让学生提出质疑内容,依据学生的质疑精要地板书内容,如为什么说"所有时间里的事物,都永远不会回来了""我为什么'着急''悲伤',又为什么'高兴''快乐'呢""假若你一直和时间赛跑,你就可以成功"

等等。

我这样导课的依据是新课标对三、四年级阅读能力所要求的：能初步把握文章的主要内容；能对课文中不理解的地方提出疑问。古人云：学贵在疑，小疑则小进，大疑则大进。没有问题也就难以诱发和激起求知欲，没有问题，感觉不到问题的存在，学生就不会去深入思考，那么学生的学习也就只能是表层和形式上的。同时，为了遵循整体—部分—整体的教学思路，让学生回顾课文内容，带着质疑探究课文内容，进而品读课文内容，完成教学思路中的"会文"。接下来由整体插入到部分进行解读。

2. 品读重点句段

过渡语：都说读林清玄的散文有如饮一杯甘美的山泉。那就让我们开始品吧，看看哪个同学从哪段或哪句中品出了甘美的味道。

设计这样的过渡语，是为了将学生带入文本的学习，把学习的主动权交还给学生，为学生指明方向。新课标提出：小学语文教学，应立足于促进学生的发展，使他们成为学习的主人。

在学生品读时候，老师参与其中，和他们一道思考、交流和分享。

在学生品读较为充分的情况下，老师将他们的注意力引出：同学们，你们品出其中的味道来了吗？接下来，就把你们品出的味道告诉大家。

这样处理，是为了呈现出完全开放的状态。在这种状态下，学生积极思维而不受约束，也兼顾了好中差三层次学生的能力。同时，学生的品读过程，是充足、深刻的。交流时定有自己独特的见解。

下面，我将引导学生重点品读如下三个内容：

（1）所有时间里的事物，都永远不会回来了。

A. 过渡语：那什么事物是属于时间里的，永远不会回来？你们理解吗？

B. 课件出示内容：

你的昨天过去了,它就永远变成昨天,你再也不能回到昨天了。爸爸以前和你一样小,现在再也不能回到你这么小的童年了;有一天你会长大,也会像外祖母一样老;有一天你度过了你的所有时间,也会像外祖母一样永远不能回来了。

以后,我每天放学回家,在庭院里看着太阳一寸一寸地沉进了山头,就知道一天真的过完了。虽然明天还会有新的太阳,但永远不会有今天的太阳了。

我看到鸟儿飞到空中,它们飞得很快呀。明天它们再飞过同样的路线,也永远不是今天了。或许明天飞过这条路线的,不是老鸟,而是小鸟了。

C. 让学生自由读,并说说自己的初步理解。

D. 再读,充分地并多形式地朗读(指名读,自邀伙伴读,范读),再谈自己的感受。

E. 联系生活经历启发引导。

师:看着幸福的你们,坐在宽敞明亮的教室里学习,老师心中真是羡慕。于是老师就想呀,我要是能回到和你们一样小,就也能幸福地坐在教室里读书学习了。可是——不可能了。因为我不可能回到和你们这样小的年龄了,因为它是时间里的事物,永远不会回来了。

同学们,你有这样的经历吗?(以此让学生联系生活经历自由说)

F. 在切实理解的基础上,学生带着自己的感受读。(失望,无奈,伤心等等)

G. 小结:是呀,我们从中感受到时间是多么——(板书:宝贵),如流水般,一去再不复返。(板书:一去不复返)

这三个自然段,是围绕"所有时间里的事物,都永远不会回来了"这句话写的。语言虽平实,含义却深。学生没有切身的经历体验是难以理解和感受到的。新课程强调,教学是教与学的交往、互动,师生双方相互交流、相互沟通、相互启发、相互补充的过程。所以,我设计了通过朗读和联系生活经历体验的方式来实现教学目的和突破教学重点。

(2) 我为什么'着急''悲伤',又为什么'高兴''快乐'呢?

A. 过渡语:正因为作者心里感觉到时间是这么宝贵,所以充满着不尽的着急、悲伤。那他为何这般着急和悲伤呢?过后,作者的心情又为何突然变得高兴、快乐了呢?

B. 课件出示内容:

时间过得飞快,使我的小心眼里不只是着急,还有悲伤。

让学生读,读后说说着急、悲伤的理由。

C. 课件出示内容:

有一天我放学回家,看到太阳快落山了,就下决心说:"我要比太阳更快地回家。"我狂奔回去,站在庭院里喘气的时候,看到太阳还露着半边脸,我高兴地跳起来。那一天我跑赢了太阳。以后我常做这样的游戏,有时和太阳赛跑,有时和西北风比赛,有时一个暑假的作业,我十天就做完了;那时我三年级,常常把哥哥五年级的作业拿来做。每一次比赛胜过时间,我就快乐得不知道怎么形容。

自由读,说说高兴和快乐的理由。(努力,勤奋,珍惜时间,利用时间等等)

语文课要培养学生遣词造句的能力,能品味词语是能遣词造句的前提和基础。通过品味词语能增强学生对语言文字的感知和理解力,能让学生更好地体会通过语言文字所表达的思想感情,促进朗读水平的提高。这里抓住"着急、悲伤""高兴、快乐"两组词语,通过训练,以引导学生注意词语表情达意的准确性。

D. 同学们,他这么珍惜时间,这么努力奋斗,那他会成功吗?课件出示内容:

林清玄,台湾高雄人。一九七三年开始散文创作。一九七九年起连续七次获台湾《中国时报》文学奖、散文优秀奖、台湾报纸副刊专栏金鼎奖等。自幼立志成为作家，青年时期获遍重要文学奖，被誉为"当代散文八大家"。林清玄的作品曾多次被中国台湾、大陆、香港及新加坡选入中小学华语教本，也多次被选入大学国文选，是国际华文世界被广泛阅读的作家。

E. 小结：一位作家，取得这么大的成功，受到这么多人的欢迎，我们不得不停下放飞的思绪，寻找原因。那是什么原因呢？（引导学生说出作者正因为认识到时间的宝贵，所以他才更加珍惜，才更加努力，最终获得了令人羡慕的成功！）（板书：珍惜时间努力奋斗）

对文本中进行深入地解读，加上真实材料辅佐验证，学生的心里定能泛起不平静的涟漪。不仅达到教育的功用，同时为下面内容的解读奠定基础。

（3）假若你一直和时间比赛，你就可以成功！

A. 过渡语：如果将来我有什么要教给孩子，我们会大声地告诉他——假若你一直和时间比赛，你就可以成功！（引读）

B. 让学生从自己身上或周围人的身上用具体的事例说说对这句话的理解。通过联系学生生活实际，激发学生学习兴趣，增强学生情感体验，改进教学活动，使教学过程充满情趣和活力。

C. 感情朗读。将这句话送给自己或同桌或伙伴。

D. 说说自己收集的有关珍惜时间的名言警句，并选择一句送给自己或同桌或伙伴。

3. 教师总结：

学完课文，总结学习这篇课文的学习方法。（朗读，联系生活经历进行体验）

在这篇课文里，让我们感受到了时间是（宝贵）的，所以要（珍惜时间，努力奋斗），这样，我们才能取得成功！让我们再次自由朗读课文,回味那令人难以忘怀的语句。

这样设计渗透了德育,渗透了学习文章的方法,达到了情感目标的实现和教学难点的突破。同时,又引导学生由部分回归整体再读课文。

4. 说作业布置:

新课标要求中年级学生能不拘形式地写下见闻和感受,并引导学生观察社会和人生,为体现这一指导思想并突出语文教学读写结合的宗旨,同时也为强化学生珍惜时间的价值观念和情感态度,我设计如下作业:

(1)从报刊、电视、网站上搜集更多走在时间前面的人,并知道他们的动人事迹。

(2)从课文中选择自己最喜欢的部分背诵下来。

五、说板书设计

本篇板书我是依照作者思路设计的板书。它体现出一种直观的教学方法,是课堂教学中教学活动的缩影,能直观形象地反映课堂教学的过程,明了时间是因为一去不复返而显得宝贵;是因为宝贵,而要珍惜时间,要努力奋斗,这样才能取得成功的道理。脉络清晰,学生也就容易理解了。

【附板书设计】

13. 和时间赛跑

时间宝贵
珍惜时间
努力奋斗

《自己的花是给别人看的》教案

刘建霞

课前活动

一、谈话导入，提示课题

在这色彩斑斓的世界，有许多美的东西。在中国，我们有锦绣的山河，有悠久的历史文化。

（课件）那德国也是一个美得像童话一样的地方，那里有迷人的蓝色多瑙河，有梦幻般的莱茵河畔，有神秘的黑森林、古老的城堡……总之，德国是一个极富魅力的地方，它不仅风光旖旎，它还有很多让人留恋的人文情怀，今天我们就跟随国学大师季羡林一起去感受德国。

二、板书读题请齐读课题、生读课题

三、初读课文

同学们课前都把文章读好了吗？那就请你们用自己喜欢的方式有感情的再读一遍课文吧，边读边思考：德国给你留下了什么印象？

四、品读学文

德国给你留下了什么印象？（生谈）大家都由衷地赞美自己心目中的德国。季老又是怎么赞美德国的景色和民俗呢？快速浏览课文用文中的一两句话概括。

归纳出示:"多么奇丽的景色,多么奇特的民族!"(板书)

看来,你跟作者产生了共鸣。

1. 朗读思考,体悟圈画

德国的景色有多么奇丽?再次品读课文,从书上找到具体的词句作依据,读一读,用横线画出来,并写下自己的感受。

学生默读课文,教师巡视。要做到"不动笔墨不读书"。

2. 感受"景美"

哪里让你感到景色的奇丽?学生汇报交流。

(出示)"走过任何一条街,抬头向上看,家家户户的窗子前都是花团锦簇、姹紫嫣红。许多窗子连接在一起,汇成了一个花的海洋,让我们看的人如入山阴道上,应接不暇。"

这里景色真美呀,这段文字也很美!同学们再默读这两句,看看哪些词语最先跳入你的眼帘,使你兴奋,令你心动。

预设一:花团锦簇、姹紫嫣红(指导生字:姹的读音,嫣的书写)

1. 听老师读第一句(读两遍,后一遍从"家家户户"处开始),结合你的生活所见闭眼想象,"花团锦簇""姹紫嫣红"是一幅怎样的画面?

2. 指名说

你的描绘,让我们仿佛闻到了浓郁的花香,还听到了蜜蜂的嗡响,小鸟的鸣叫,游人的惊叹。

3. 想看看这样美的画面吗?(出示课件)

师解说:花成团,一朵挨着一朵,一簇紧拥着另一簇,十分茂盛,这就叫"花团锦簇",(抽几生,读出"花团锦簇"的形象),它侧重写花的形态。

这些花有紫色有红色,五颜六色,十分艳丽,"姹紫嫣红"。(点几组,读出"姹紫嫣红"的味道),它侧重写花的色彩。(评价)

作者用词多么准确呀。还有哪些描写花的词语？

预设二：花的海洋应接不暇

1. 应接不暇是个新朋友，我们打个招呼吧，（生读），在这里"暇"在书写时应注意什么？应接不暇是什么意思？能用它说一句话吗？

2. 这里的鲜花如此美丽，让人应接不暇，我们欣赏到了德国奇丽的景色。你能通过朗读再现这样的美景吗？

自由读—抽读—点评（特别要把"花团锦簇、姹紫嫣红"读好，读慢一点，慢慢回味）—再抽读——一起美美地读读。

3. 同学们，这样的景色太少见了，又美丽又少见，真是景色奇丽啊！我们现在就去德国，到街上去看看吧！

大街上，没有喧闹嘈杂的人来车往，

瞧：走过一条街，抬头向上看，（生）家家户户的……

走过另一条街，抬头向上看，（生）家家户户的……

走过任何一条街，抬头向上看，（生）家家户户……

同学们请闭上眼睛，插上想象的翅膀，这里花如海，总也看不够啊！（背）走过任何一条街……应接不暇。哇！你们真了不起啊，这么美的语言都收录在了自己的脑海中，但愿这些美丽的花能永远的绽放在你的记忆中。

4. 感受"奇特"

过渡：刚才我们在德国领略了一番。是啊！人们每天沐浴着花香，听着鸟语，多么惬意、多么开心！怪不得季老会情不自禁地赞叹道——（生齐）多么奇丽的景色！那么，你还从哪里感受到这个民族的奇特的？

（出示）"他们的花不像在中国那样，养在屋子里，他们是把花都栽种在临街窗户的外面。花朵都朝外开，在屋子里只能看到花的脊梁。"

师：别人看到的是花的海洋，在自己屋里看到的是什么？生：花的脊梁。

师：脊梁，花的脊梁指什么？生：花叶、花茎。

师：总之就是花的背面。

师：谁家养花举手。

师：我们养花的目的是什么？

生：为了好看/为了净化空气……

是啊，咱们养花是为了看美丽的花朵，德国人为什么要看花的脊梁呢？如果是作者，刚到德国，看到德国人这样养花，你的感受是什么？（奇怪、不理解）好，就把你的这份惊奇读出来吧。

（课件出示第二段对话：我曾问过我的女房东：……正是这样）

师：作者惊奇地问女房东……（生读对话。）

师：爱花如此真切的德国人却将最美的鲜花给别人欣赏，这在我们看来是多么不可思议，而在德国人看来怎么样？

生答：很正常。

师：是如此的平常。你从文中哪个词看出来了？——"莞尔一笑"。

这样莞尔一笑笑出了房东的什么？"善良，淳朴"，说得多好！

师：在德国是不是只有这位女房东是这样的奇特？你还从哪得知，大家都这样。

生：家家户户都是把花养在窗台上。

生：每一家都是这样，在屋子里的时候，自己的花是让别人看的；走在街上的时候，自己又看别人的花。（出示课件）

师：是啊，正是这样。正是怎样？

5. 分析境界

过渡：师：正是这样，生齐读"每一家都是这样，在屋子里的时候，自己的花是让别人看的；走在街上的时候，自己又看别人的花。"

师：文中，作者用了一句更精辟的话来表达这个意思，是哪句话呢？

(生答：人人为我，我为人人)（出示课件文字并板书）

师：人人为我，我为人人。我觉得这一种境界是颇耐人寻味的。耐人寻味，什么意思？

生：值得仔细琢磨体会

师：从"人人为我，我为人人"的慨叹中你体会到了什么？

生："德国人乐于助人。"

师：有独特见解！

生：很高尚！

师：同学们对课文真的读懂了，老师真的佩服你们！

正是因为德国民众具有这种"我为人人"的奉献精神，所以才有了这令人感动的"人人为我"的和谐景象。

小结：此情此景，深深地打动了季老先生，难怪他会由衷地赞叹道——（生齐）"多么奇丽的景色！多么奇特的民族！"

师：同学们，在我们的生活中，总是与别人构成这样那样的关系，一个人总是经常为别人做事，为别人服务，别人也在为你做事，为你服务，你有没有发现我们身边也有这种"人人为我，我为人人"的生动事例，请选一种写下来。（出示课件）

小练笔：

在家庭里，＿＿＿＿＿＿＿＿＿＿＿＿＿＿＿＿＿＿＿＿＿＿＿＿。

在学校里，＿＿＿＿＿＿＿＿＿＿＿＿＿＿＿＿＿＿＿＿＿＿＿＿。

在社会上，＿＿＿＿＿＿＿＿＿＿＿＿＿＿＿＿＿＿＿＿＿＿＿＿。

……

我希望"人人为我，我为人人"的这种境界能够深入到我们每个人的心中，让我们快乐的奉献，幸福的收获！

6. 感受美丽

过渡：人人为我，我为人人。转眼间四十五年过去了，这样的奇丽的景色,这样高尚的境界,会长久保持吗?从哪能看出?

生:变化是有的,但是美丽并没有改变。(出示课件)

师:美丽指什么?

师:作者认为美丽的东西很多,除了花以外,"美丽"还指什么?"美丽"还指德国人的心灵很美。"美丽"还指他们那种无私境界的美,这种奇特的美。

师:谈得好,在美丽的花背后,还隐藏着更多美丽的东西。难怪作者说——"变化是有的,但是美丽并没有改变。"(齐读)

多么奇丽的景色!多么奇特的民族!(画出花心)

畅游花海,触景生情,季羡林仿佛又回到了四五十年前的留学生活,他陶醉在了浓浓的思乡情绪中,他做了一个梦。

7. 推荐阅读

师:这到底是一个怎样的梦?要了解他的心境。有一本书等待着你们去把它翻启,这本书就是《德国印象》。此书为季羡林的回忆录,那里有动荡的岁月,沧桑的世事,难忘的师恩,诚挚的友情,质朴的语言,灵动的智慧,同时,老师想再向大家推荐一篇文章《重返哥廷根》,在那里你还能找到这篇课文背后的故事,相信读完之后,就会对他的思乡梦有更深的了解。

师:今天,季老先生带着我们去了一趟德国,让我们收获了满街馨香的愉悦,更让我们收获了"人人为我,我为人人"这样一份心灵的充盈。让我们带着对课文的理解,带着对德国这个伟大民族的敬重,再次齐读课题。(齐读课题)

"自己的花是给别人看的",其实我们每个人都是一朵花,我们应该把它种在自己的心里,绽放在别人的眼中。(把板书画成一朵花)

五、板书设计

自己的花是让别人看的

	多么奇丽的景色	多么奇特的民族	人人为我
花团锦簇			
姹紫嫣红			我为人人

课题：三角形的内角和

周 方

教学内容：

人教版四年级下册第 88 页例 5

教学目标：

1. 知识与能力：三角形的内角和等于 180 度

2. 过程与方法：通过学生动手操作、合作探究，培养学生动手操作能力以及数学交流能力。

3. 情感态度、价值观：培养学生独立思考的习惯和勇于质疑探索真理的科学精神。

教学重、难点：

验证三角形的内角和是 180 度

教学过程：

（一）复习旧知、引入新课

出示锐角三角形、钝角三角形、直角三角形、等腰三角形、等边三角形。师：认真观察这些三角形都是什么样的三角形？各有什么特点？（生答）

这节课我们继续研究三角形的有关知识。(板书课题：三角形的内角和)

(二) 探究新知

1. 质疑。师：看着课题，认真地想一想，这节课我们主要研究的是什么问题？

生：内角和。(边说师边板书)

师：在研究三角形的内角和之前，我们先要研究什么问题？

生：什么是内角。(板书内角)

师：只有知道什么是三角形的内角，才能研究三角形的内角和。首先我们来研究什么是三角形的内角。

2. 内角。师：同学们，你认为什么是三角形的内角？学生思考后发言。

师：请你用自己喜欢的数字或符号标出三角形的内角。

3. 内角和。师：同学们，请你想一想什么是三角形的内角和？

(学生思考后回答)

师小结：三角形三个内角的度数之和就是三角形的内角和。

师：那老师请你大胆地猜一猜，你认为三角形的内角和是多少度呢？(学生猜测)。

师：我们的数学是讲究科学严谨的，老师请你当一次小科学家，亲自动手拼一拼、量一量、折一折，看谁能先验证出结果。

(学生活动)

学生汇报方法和结果。

师总结：三角形的内角和是180度。(补充课题)

4. 练一练：书上88页第9题

(三) 知识拓展

把一个大三角形剪成两个小三角形，学生说说小三角形的内角和是多少度并说说自己的看法。

(四) 全课总结。

习作指导课《介绍一种物品》

王桂玲

习作要求:

1. 运用本单元学习的列数字、打比方、举例子、作比较、等说明方法学写一篇说明文,注意把特点、用途、好处、使用方法等介绍清楚。

2. 按说明文的一定顺序写作,将说明文的表达方法恰当运用到习作中去,使学生在习作实践中不断提高表达能力,受到热爱科学的教育,陶冶热爱生活的情趣。

习作重点:

按说明文的一定顺序把特点、用途、好处、使用方法、生活习性等介绍清楚。

指导过程:

一、谈话导入,激发兴趣

大千世界,芸芸众生,千姿百态,色彩纷呈。世间万物对我们有着极大的吸引力。课前,同学们张开一双双慧眼,观察并了解了一个个令大家熟悉或喜爱的物品。今天这节课,我们尝试着用文字来介绍一下它好吗?

二、教师指导,掌握方法

1. 那你准备介绍的物品是什么呢?

2. 有了物品,我们应该介绍它的哪些方面呢?

师总结:不同类的物品介绍的内容也各不相同,蔬菜水果就不用介绍材质,但要说明它们的味道和它们的营养价值;而玩具电器则重点介绍使用的方法及使用时须注意的事项。这在写作上叫做"言之有物"。

3. 针对你要介绍的物品,思考你可以介绍它的哪些方面?

4. 师:在观察和介绍物品时,我们还应做到言之有序,言之有法。序,即顺序,就是要按照从整体到局部,从上到下,从外到内的顺序,抓住物品最突出的特点进行客观准确的介绍。法,则是说明方法,回忆我们学过哪些说明方法?(列数字,作比较,打比方,举例子)

三、范文引路,共同感悟

1. 说到物品,我想起昨天在超市买的一个东西——削笔器。我想把它作为生日礼物送给女儿,可又不知她喜不喜欢。想请大家参谋一下,行吗?由于来得匆忙忘带了,不过幸好我把它用笔记录了下来。听吗?但有个要求,(出示小黑板)填表。

2. 师读范文,学生边听边填表。

四、课堂练习,互相评议

1. 同学们她会喜欢吗?我的削笔器介绍的清楚吗?你也介绍一下吧。

2. 学生同桌互相介绍物品。介绍的时候尽量用上适当的说明方法。

3. 指名介绍,全班评议。

4. 动笔试着介绍你手中物品,注意,一要有序,二要有法。

5. 指名朗读,全班评议。

6. 教师小结:俗话说:"玉越琢越美,文越改越精。"好文章都是反复改出来的,今天回家,请你把文章写完,并且认真修改。明天我们一同评议大家的文章,我期待看到你们的佳作。

附：

习作：介绍一种物品

物品名称	
介绍内容	
物品外观	说明方法

板书设计：

介绍一种物品

言之有物

言之有序

言之有法

导学案

课改前沿勇于探索,一路艰辛一路收获。在路上,我们激励、启发、引导……

青年学

六年级数学导学案

编号：20116X05002

课题：抽屉原理（例2）	课型：预习+展示	使用时间：
主备人：付岚竹	教研组长：张静	小组： 小主人：

【学习目标】
1. 通过学习"抽屉原理"的另一种情况，总结出"抽屉原理"的一般规律。
2. 会用"抽屉原理"的一般规律解决问题。
学习重点：了解"抽屉原理"的一般规律。
学习难点：进一步理解"总有"和"至少"的含义。

反思	【学习流程】
	知识链接：
	1. 6只鸽子飞进了5个鸟巢，则总有一个鸟巢中至少有（　　）只鸽子。为什么？
	2. 把3本书放进2个抽屉，则至少有（　　）本书放进了同一个抽屉。为什么？
	探究新知：
	把5本书放进2个抽屉里，不管怎么放，总有一个抽屉里至少放3本书。你能证明这句话对吗？
	独立思考
	用学具摆一摆：
	第一个抽屉 第二个抽屉
	如： 5 0
	（　　） （　　）
	（　　） （　　）
	（　　） （　　）
	（　　） （　　）
	通过操作，我们把5本书放进2个抽屉，总有一个抽屉至少放进（　　）本书。
	数的分解法：
	把5分解成两个数，有（5,0），（　　），（　　）三种情况。
	我发现：把5本书放进2个抽屉里，任何一种情况中，总有一个数不小于（　　）
	如果把153本书放进2个抽屉里，还能用列举法和数的分解法方法吗？那还有其他方法吗？
	（5）用假设法证明：把5本书放进2个抽屉里，不管怎么放，总有一个抽屉里至少放3本书.
	假设把5本书尽量地平均分给2个抽屉，每个抽屉能分到2本书，还剩1本书。用算式如何表示：
	（6）把7本书放进2个抽屉里。总有一个抽屉里至少放进（　　）本书。为什么？如何列式？

（7）把 9 本书放进 2 个抽屉里。总有一个抽屉里至少放进（　　）本书。为什么？如何列式？

（8）小结：观察三组算式，你能发现什么规律？

（9）如果把 8 本书放进 3 个抽屉，总有一个抽屉里至少放进（　　）本书。

为什么？如何列式？

（10）总结抽屉原理的一般规律。

【当堂检测】

1. 把 7 个苹果放进 3 个盘子里，不管怎么放，一定有一个盘子里至少要放几个苹果？为什么？如何列式？

3. 你能证明在任意的 37 人中，至少有 4 人的属相相同吗？说明理由。

4 某次数学竞赛有 6 个学生参加，总分是 547 分，则至少有一个同学的得分不低于 92 分。为什么？

【总结】

今天有什么收获？

三年级数学导学案

编号：20113x0402

课型：预习＋展示　使用时间：　主备人：黄梦颖　教研组长：　小组：　小主人：
【学习目标】 1. 我知道平年、闰年的特征。 2. 我能准确地判断出平年、闰年。

| 反思： | 【学习流程】
探究新知
1. 请同学们看书上49页，二月份的日历表
2004年的二月份有（　　）天
2005年的二月份有（　　）天
想一想，为什么会不一样呢？
年份分平年和闰年，平年的二月是（　　）天，闰年的二月是（　　）天。平年一年有（　　）天，闰年一年有（　　）天。
2. 请同学们观察书上49页的月历
其中（　　）年是平年，（　　）年是闰年。
说一说你的理由。
平年、闰年的出现有什么规律？
怎样判断平年和闰年呢？你能举例说明吗？

温馨提示：请看书上49页下面的注解。
3. 2012年是（　　）年，2011年是（　　）年，2000年是（　　）年。
温馨提示：年份是整百数的，必须是400的倍数才是闰年。
大显身手
1. 平年1年有（　　）天，有（　　）个星期零（　　）天。
列式：
2. 小强满12岁的时候，只过了3个生日。猜一猜他是那一天出生的？说一说理由。
3. 用下表制作一个明年一月份的月历。
当堂检测
1. 中华人民共和国是1949年10月1日成立的，到今年10月1日是多少周年？

2. 小强是1992年2月29日出生的，到今年他一共过了多少个生日？ |

一年级数学导学案

编号：20111x0402

课型：新知探究　　使用时间：　　主备人：周方　　教研组长：周方　　小组：　　小主人：	
【学习目标】 1. 使学生初步了解前、后的基本含义，会用前、后描述物体的相对位置。 2. 使学生形成辨别一定的空间方位的能力。 3. 培养学生观察能力和语言表达能力。 4. 使学生感受数学与现实生活的密切联系。	
反思： **温馨提示：** 认真观察呀	【学习流程】 知识链接 **一、谈话导入** 小朋友们，今天老师要和大家做个游戏。咱们玩"老鹰捉小鸡"好不好？（师做母鸡，一生做老鹰，其他生做小鸡） **二、探究新知** 1. 师生一起玩"老鹰捉小鸡"的游戏。 2. 师提问：我的后面是谁？ 生1：是×××。 生2：是班里的很多小朋友。 …… 我在谁的前面？我前面是谁？我后面的3位小朋友是谁？ 3. 学生自己提出问题并解答。 4. 出示第2页主题图。 (1) 自己根据图画提出问题。 (2) 小组内解决问题。 (3) 在书上填写。 **三、大显身手** 做一做第2题。 **四、当堂检测** 做一做第2页1题。

二年级数学导学案

编号：2011x0302

课型：新知探究课　使用时间：　主备人：范显菊　教研组长：　小组：　小主人：	
【学习目标】1. 我会在方格纸上画出一个简单图形沿水平方向、竖直方向平移后的图形。	
反思： 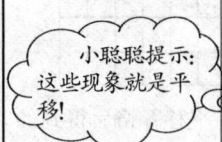	【学习流程】 【知识链接】 1. 日常生活中的这些现象你见过吗？ 打开铝合金窗户， 坐电梯， 打开抽屉…… 2. 你还见过生活中的哪些平移现象？ 【探究新知】 　　今天我们就来利用平移的特点在方格纸上把简单的图形进行平移！首先学习两个方向。 　　1. 这是水平方向。 　　2. 这是竖直方向。 　　3. 看看下面的图形是怎么平移的？平移有什么特点？ 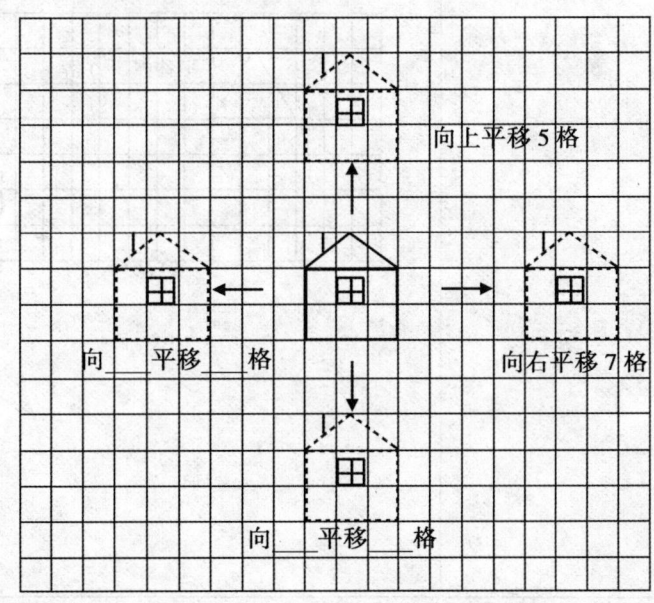

大显身手：
1. 学习对子间互相说说小房子是怎么平移的。
2. 小组内交流房子的平移方法。
3. 我给全班讲一讲平移的方法。

【当堂检测】
1. 把向右平移 4 格后得到的 ☒ 涂上颜色。

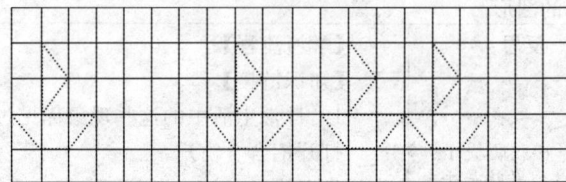

2. 分别画出将□向上平移 3 格、向左平移 8 格后得到的图形。

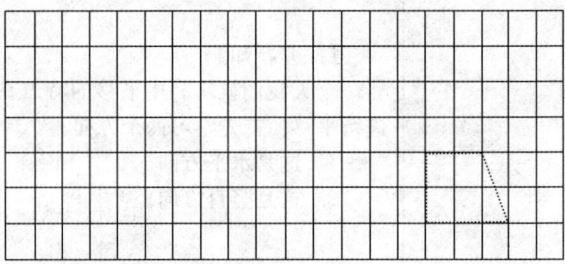

3. 画出平移后的图形。

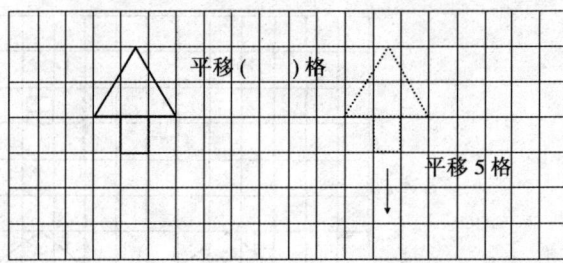

一年级导学案

编号：

教材：人教版新起点四年级上册 Unit14　课题：clothes　课型：学习新知　学校：安阳梅东路小学　主备人：朱苗苗　审核人：朱凌丽　最酷的 School　最炫的 Class　最牛的 Team　最佳的 I'm

【学习目标】
a. 能听说读 skirt　T—shirt　sweater　jacket 等单词。
b. 我能读出小句子 I've got a jacket

Timetable：小检测 5′——→自学、对学、群学 20′——→展示 10′——→达标测评 5′。

Warm up Chant：one two three four 小兔兔

【小检测】
闯关一：先齐读这单元的单词，看看哪组棒开始加分
（每个小组都开始玩小火车的游戏，哪个小组的小火车能开起来，给哪组加星星。）
1. 小小火车开起来，谁先来？我先来 pants pants
2. 小小火车开起来，谁先来？我先来 sweater sweater
3. 小小火车开起来，谁先来？我先来 shorts shorts
4. 小小火车开起来，谁先来？我先来 jacket jacket

闯关二：
1. 听录音跟读单词和句子。
2. 认读单词和句子。（跟读录音→师领读→组长领读→自读、对读→组内练读）
3. 练习拍单词，看看老师在黑板上写出的单词，每组挑一个孩子上来，看谁先找到，给哪组加分。

Pants　sweater　short　jacket

闯关三：小展示（展示时要注意动作要快注意凳子的摆放，并且声音要洪亮）
Task1："单词记忆秀"：看看谁能把老师提问的单词最先抢答出来。
Task2："小小讲解员"：我们把课文中的重点词句给大家讲解一下吧。
Task3："词语拓展"：除了文中提到的衣服，我们还可以复习到颜色。
Task4："话题表演"：利用本课所学单词句型和以前学过的句型创设情境编演一个小对话。

【达标测评】
闯关一：我会给下列图片找名字。

Skirt   sweater
闯关二：找朋友，我最棒！
Skirt   短裙
T—shirt   毛衣
Shorts   T恤衫
Sweater   短裤
闯关三：选一选，看看哪个是正确的。
短裙（ ）   A：skirt   B：dress
毛衣（ ）   A：shorts   B：sweater
Jacket（ ）   A：夹克   B：短裤
Shorts（ ）   A：短裤   B短裙

三年级音乐学科导学案

编号：2010YY356

教材：人音版第五册第27页第6课	主备人：魏淑芳	使用时间：
课题：《捉迷藏》　课型：唱歌课	班级：　　小主人：　　组名：	

【学习目标】
1. 掌握三拍子强弱节奏，唱准附点节奏。
2. 活泼欢快地演唱歌曲、表现歌曲。

【学习重点】
准确歌唱、表现歌曲
【难点预见】
附点节奏的掌握
【学习过程】
小热身：听音乐《法国号》，跟老师律动、拍节奏。
■第一步：认一认（约8分钟）
1. 观察对比，两条节奏有什么区别？再听老师唱唱，有什么区别？
　A. ×× 　× 　× | ×× 　× 　× ‖
　B. ×·× 　× 　× | ×·× 　× 　× ‖

2. 听老师唱拍拍，进行对学群学。
×·× 　× 　× | ×·× 　× 　× ‖

春　夏　秋　冬　四　个　娃　娃　　（唱准附点哟!）
冬　躲　春　来　秋　躲　夏　呀
星　星　月　亮　追　追　打　打

3. 两人一组，创编歌词，并用自己喜欢的方式边唱边打节奏。
■第二步：听一听（约10分钟）
1. 听歌曲，选出与歌曲情绪相对应的娃娃表情。（　　）
　A. \(˚o˚)/　　　　B. (╯___╰)
2. 再听，歌曲的速度_____（A. 稍快、B. 慢速）。
3. 边听边跟着音乐晃动。（即兴表演）
4. 边听边点节拍。
5. 点着节拍听老师唱唱。
6. 点着节拍小声跟老师哼唱。
■第三步：唱一唱（约10分钟）
1. 小热身：活动身子—气息练习—声音练习
2. 点着节拍用lu的感觉唱，注意唱准附点。
3. 有感情地歌唱。
4. 用各种方式拍节奏伴唱。（拍点点、跺拍拍等）　（要突出强、弱、弱哟!）

■第四步：演一演（约 8 分钟）
1. 自选方式练习伴奏。
2. 两组合作：A 组唱，B 组伴奏。
3. 两组合作：两声部体验。
A 组：演唱主旋律；B 组：用"嗡巴巴"伴唱（《法国号》主旋律）。
■第五步：试一试（约 4 分钟）
（我当小小词作家，编一编，唱一唱。）
春天藏在＿＿＿＿，夏天躲到＿＿＿＿。
秋天钻入＿＿＿＿，冬天缩进＿＿＿＿。

【学习评价】☆
同伴评价＿＿＿＿　　组长评价＿＿＿＿　　老师评价＿＿＿＿
【我的收获】

【我的反思】

四年级语文导学案

编号 20104S06021

课题:搭石	课型:自学探究课+拓展提升课	主备人:张美霞
导学教师:	小主人:　　　班级:	小组:

【学习目标】
　　1.我要学会词语:山洪暴发　清波漾漾　理所当然　间隔　懒惰　俗语　平衡　联结
　　2.我要正确、流利、有感情地朗读课文,了解课文的主要内容和表达的情感。
　　3.我要学习作者的写法,把课文最后一段仿写一下。

知识宫阅读闯关探新知	**温馨提示**
闯关一: 　　大声读课文,用蓝色笔画出生字词语,要积累的优美词语、俗语和句子。 　　1.写写生字词语。 　　2.我要积累的四字词语。 　　3.俗语。 　　4.我发现了4个多音字:涨　调　间　背 　　5.特殊句型积累: 　　如果……总要…… 　　假如……总会…… 闯关二:再读知大意 　　1.快速读文,想一想,本文通过描写家乡最常见的什么来表现人与人之间的纯真感情。 　　2.我会给课文分段落:什么是搭石(　)段;怎样摆搭石(　)段;怎样走搭石(　)、(　)段;搭石的意义(　)段。 闯关三:三读细品味 　　A:读一读第一自然段,我明白了两个问题: 　　1.搭石出现的季节和原因。 　　2.什么是搭石。 　　B:通过阅读第二自然段,我知道搭石是怎样摆成的。关键词语有_____ 　　C:通过阅读第三、四自然段,我了解了家乡人走搭石的几种情形。 　　1.集体走搭石的情形:(1)技巧: 　　(2)走搭石的情形很美!这些句子我要多读一读,争取背下来! 　　2.对面走搭石的情形:我能通过"如果……总要……""假如……总会……"两个句式的学习体会出家乡人对面走搭石时体现的人情美。我要和同桌交流一下,读出这种情感。	自学探究课完成"知识宫阅读闯关探新知"版块内容。自主学习,依次闯关,有疑难可以对子、小组轻声交流解决。完成的小组得分并领取预展任务。 读读写写批批画画可是学习语文的好办法,你做到了吗? **小提示** 哦,我明白了,原来作者是这样围绕搭石选择写作内容,来表现人与人之间的真情美的! 边读边想象,你的眼前就会展现一幅美丽的画面呢! 我也要创设一个场景,练习用这种方式给文章结尾。

闯关四:四读有提升。

1.再一次有感情地朗读课文之后,我明白了最后一段话在全文中的作用是。

我也要在今后的写作中练习使用这种结尾的写法。

2.我能用摆搭石的方法列出本文的结构图。

通关卡:(检测)

反思栏:我不会,易错点是　　　解决　待解决

闯关成功就领一个笑脸吧!

演练场展示提升秀技能

展一:基础知识乐园

(可以总结本课的生字词语,分类积累优美词语和特殊的句子。)

要求:板书整洁,行款整齐;讲解清楚,合理分工,全班领读。

展二:火眼金睛

课文中有很多地方都使我们感受到美,有看得见的具体的美,也有看不见的心灵美,找出来,说说读读。

展三:课本剧1 集体走搭石的情形

(提示:可以小组读一读,说一说好的语句,全班再读一读,然后边读边演一演,最好能脱稿呀!)

展四:课本剧2 对面走搭石的情形
(可以结合两个特殊的句子读读、背背、说说、演演)

展五:创设一个情景,学习本文画龙点睛,结尾点明中心的写法。

(假设一篇文章描写小明是一个善良、富有爱心、乐于助人的孩子的孩子,应该怎样在最后一段点明文章的中心呢?)

展六:知识树

(可以结合段意列提纲,也可以画成树形或者花朵形状。)

展示小窍门

1.展形象:声音洪亮,站姿挺拔,自信大方。

2.展内容:讲解清晰,重点突出,组内补充。

3.展衔接:前后衔接,自然流畅,礼貌得体。

对自己的表现还满意的话,就领一个大拇指,自我鼓励一下吧!

检测:
填空。
如果　无论　假如　只要

(　)怎样急着赶路,(　)发现哪块搭石不平稳,乡亲们就会歇下来,直到搭稳为止。(　)遇上老人过河,(　)有年轻人在,就会背老人过河。(　)两个人过河,其中肯定会有一个停下来,让另一个人先过河。

反思栏:我的不会,易错点是　已解决　待解决

四年级语文导学案

编号 20104S05018

课题:颐和园	课型:自学探究课+拓展提升课	主备人:张美霞
导学教师:	小主人: 班级:	小组:

【学习目标】
1. 我要学会本课的生字词,如"长廊、神清气爽、葱郁、掩映"等。
2. 我能通过读书想画面的方法了解感知颐和园的美,并有感情地朗读课文,背诵自己喜欢的段落。
3. 我能了解课文的写作顺序和作者抓特点写景物的方法。

	温馨提示
知识宫阅读闯关探新知 闯关一: 自学善思,读悟结合,我能行 1. 大声读课文:画出生字新词,知道课文内容 生字词: 颐和园给人的总体印象是什么: 2. 闯关二:再读知大意。快速浏览课文 本文共有几个自然段?想一想每段写了些什么?为什么这样安排?请批注在课本上 闯关三:三读细品味 1. 课文是怎样描写颐和园的各处景点的?	自学探究课完成"知识宫阅读闯关探新知"版块内容。自主学习,依次闯关,有疑难可以对子、小组轻声交流解决。完成的小组得分并领取预展任务。 读读写写批批画画可是学习语文的好办法,你做到了吗?

景点	描写的景物	观赏者位置	重点词句	写作顺序
长廊				
万寿山				
昆明湖				

再读一读,你的眼前一定会展现三幅美丽的画卷。
2. 读课文画语句,让我们来了解一下作者的游览线路
体会:哦,原来景点与景点之间可以按照行踪来过渡
3. 颐和园的景色太美了,我想用读的方式和小组交流一下喜欢的段落。

小提示
哦,我明白了,原来作者是抓住这些景点,来表现颐和园的美的!

闯关四：四读有提升 再读一读课文，我能画出本文的知识树 通关卡：（检测） 合作交流，展示提升（要求：板书、分工、脱稿、声音洪亮等） 展一：画出本课的知识树 展二： 一群游客要到颐和园参观，请你当小导游，向游客介绍一下颐和园其中的一处美景。 展三：妙笔生花（仿写） 我能按照游览的顺序介绍一下某次游园的路径。还可以选择一个景点写具体，但是要注意观赏的顺序啊。 展四：诵读秀擂台赛 **一、当堂检测，人人闯关，课课清** 1.听写词语（　　）号写黑板，其他组员写在本上。 2.对子组同号互测。 **二、评优秀小组和个人** **三、课后反思：** 1.本节课我没有学会的地方： 　2.不会的原因是：A.没有认真思考；B.没有和他人交流；C.难度大，解决不了；D.其他原因 反思栏：我不会、易错点是　　　　已解决　待解决	**展示小窍门** 展形象：声音洪亮，站姿挺拔，自信大方。 展内容：讲解清晰，重点突出，组内补充。 展衔接：前后衔接，自然流畅，礼貌得体。

五年级语文导学案

编号20105S04019

课题:七律·长征	使用时间:12月13日	课型:自学探究+拓展提升课
主备人:王桂玲	导学教师:王桂玲	小主人: 班级: 小组:

【学习目标】
1. 我会认"礴""丸""岷"3个生字,我会写"丸""崖""岷"这3个生字
2. 通过工具书我能理解诗句,体会中国工农红军战胜种种艰难险阻,完成二万五千里长征的革命英雄主义和乐观主义精神。
3. 我能有感情地朗读,并背诵这首诗。

知识宫闯关探新知	温馨提示
闯关一:(初读任务) (阅读课后资料袋,了解长征的有关情况。) 1. 自由读诗歌,注意读准这三个词的字音:逶迤 磅礴 岷山 2. 我能查字典解词:万水千山、等闲、逶迤、磅礴、走泥丸 你能通过你的朗读来表达出你对这些词的理解吗? 3. 读诗,不仅要读通,还要读懂。请同学们快速地默读课文,想想每句诗的意思,遇到不懂的就用红笔画上横线。 红军／不怕／远征难,万水／千山／只／等闲。五岭／逶迤／腾／细浪,乌蒙／磅礴／走／泥丸。金沙／水拍／云崖／暖,大渡／桥横／铁索／寒。更喜／岷山／千里／雪,三军／过后／尽／开颜。 4. 这首诗主要写什么?＿＿＿＿＿ **闯关二:(再读任务)** 快速浏览课文,思考: 1. 这首诗共＿＿＿句,是围绕"＿＿＿＿"来展开叙事抒情的。 2. "万水千山只等闲"具体表现在第＿＿＿句和＿＿＿句上,其中＿＿＿和＿＿＿是"千山"的代表,＿＿＿和＿＿＿是"万水"的代表。 3. 诗的最后一句写出了红军翻过雪山后一片＿＿＿之态,同时预示了红军长征最后的胜利,从诗中"＿＿＿"一词中可以看出。 **闯关三:(三读任务)** 1. 五岭逶迤腾细浪,乌蒙磅礴走泥丸。 a. 这五岭、乌蒙是什么样的山呢?红军在翻越这些山的时候会遇到什么困难呢?那该怎么读? b. 那"细浪""泥丸"是什么样的呢?这"逶迤的五岭""磅礴的乌蒙"为什么像"起伏的微波细浪""滚动的小小泥丸"呢?那该怎么读?(要读出红军战士藐视并战胜一切困难的精神哟!) 2. 金沙水拍云崖暖,大渡桥横铁索寒。 a. 一"暖"一"寒",既写出了天气情况,又写出了心理感受。作者以两种感觉互相对比,既表达了红军渡过金沙江后的喜悦,又表现了夺取泸定桥的惊心动魄,足见红军的神勇无比。试着把这种感觉读一读。	自学探究课完成"知识宫阅读闯关探新知"版块内容。自主学习,依次闯关,有疑难可以对子、小组轻声交流解决。完成的小组得分并领取预展任务 **小知识** 铁索:大渡河上的泸定桥,它是用十三根铁索组成的桥。 金沙:指金沙江,水流湍急,两岸是悬崖峭壁。 岷山:在四川、甘肃交界的地方,海拔4000米左右,终年积雪。 **小提升** 七律:诗体名,七言律诗的简称,每首八行,每行七字,每两行为一句,共四句。 **小提示** 红军就靠着自己的双脚,行走在这跨越四省、峰峦起伏的五岭上,越过了这巍峨高大、山势陡峭的乌蒙山,走出了1300多公里的崇山峻岭

b.从这九死一生、背水一战、急流险滩、枪林弹雨、嘹亮号角、奋不顾身的画面中,你感受到了什么?再把这句话读读。
　　3.更喜岷山千里雪,三军过后尽开颜
　　a.如果说翻过五岭,走过乌蒙,是征服大自然的喜悦,巧渡金沙江,飞夺泸定桥就是战胜敌人的豪情。那么翻越大雪山,带给红军的又是什么呢?读一读。
　　b.克服重重困难,胜利就在眼前,这一切怎么不令红军欣喜若狂、兴奋不已呢?让我们把红军的这种胜利之喜,这种万丈豪情通过声音读出来吧!
闯关四:(四读任务)
　　1.红军长征仅仅遇到了这五个困难吗?从哪句可以看出来。面对长征途中的艰难困苦,我们的红军战士只有一个词"不怕"(坚定的读读)。把万水千山都看得极为平常,"只等闲"要读的淡淡的。第一句该怎么读?
　　2.这首诗引起了我们无尽的遐想,毛泽东及其中国工农红军的无畏精神,不怕艰难险阻,乐观向上的豪迈气概深深的震撼着我们,千言万语都难以表达我们内心的感受,让我们放声朗读吧,把自己的感受读出来。
通关卡:(检测)
　　1.正确、流利、有感情地朗读全诗。
　　2.用自己的话说说全诗的意思。
　　反思栏:我的不会、易错点是　　已解决　待解决
演练场拓展秀技能
　　展一:朗读pk秀。感情朗读全诗。
　　(形式可以多样,小组pk,异号pk,还可以发起挑战。)你们还可以背诵哟!
　　展二:用简洁的语言,讲讲每句诗的意思。
　　(你们可以边讲边画,这样更生动形象。)
　　展三:红军英勇无畏的精神让我非常佩服,我们想用演一演的方式来展示全诗。
　　(要注意通过动作、神态来表现战士们的神勇啊。)
　　展四:我们会演唱《长征》这首词。
　　(可以邀请全班同学一齐演唱,这样气势更宏大。)
　　展五:我们组想讲一讲红军长征中发生的感人故事。
　　(注意脱稿)
　　展六:我们收集到毛主席写的另一首词《清平月·六盘山》,这首词是长征中红军翻过最后一座山,毛主席在天高云淡的景色中挥毫所作。我们想有感情地朗读一下。
《清平月·六盘山》
　　　　毛泽东
　　天高云淡,望断南飞雁。
　　不到长城非好汉,屈指行程二万。
　　六盘山上高峰,红旗漫卷西风。
　　今日长缨在手,何时缚住苍龙。
检测:
1.背诵全诗
2.默写全诗
反思栏:我的不会、易错点是　　　已解决　待解决

多少的艰难险阻,在我们红军眼中,都不算什么!再带着自己的感受读一读。边读边想象,你的眼前就会展现一幅幅的画面呢!
四关都闯完了,你真了不起,看看还有哪些红色问号没有解决,快和对子,小组交流一下,加油!全组都顺利闯关要加分啊。加分后,赶紧回顾学习内容,为检测作准备。

温馨提示
展示提升课完成"演练场拓展秀技能"版块展示任务。小组预展5分钟后,各小组按展示顺序进行展演,展示精彩的小组可以加分哟。台下的同学及时聚集,身随声动,点评及时到位同样可以获得分数奖励。

展示小窍门
展形象:声音洪亮,站姿挺拔,自信大方。

展内容:讲解清晰,重点突出,组内补充。

展衔接:前后衔接,自然流畅,礼貌得体。

对自己的表现还满意的话,就领一个大拇指,自我鼓励一下吧!

五年级语文导学案

编号 20115x01001

课题:《杨氏之子》	课型:自学探究课＋展示提升课	主备人:刘爱平
导学教师:	小主人: 班级:	小组:

【学习目标】
1. 我会写 6 个生字,会认 3 个生字。我能正确读写"家禽"等词语。
2. 我能流利地朗读课文、背诵课文。
3. 我能根据注释理解词句,了解句子意思,体会故事中孩子应对语言的巧妙,感受文言文的韵味。

知识宫阅读闯关探新知	知识宫闯关须知:
闯关一:初读,扫清字词障碍 1. 古人说:"读书百遍,其义自现",我们先来读一读课文吧,一定要读准字音 2. 你能读好这些字吗? 梁　惠　诣　乃　曰　禽 （借助字典解决自己不认识的字。完成后记得画笑脸。） 闯关二:反复朗读,感悟添趣。 1. 我能按照停顿把课文的韵文读出来。我还能学着古人的样子读课文。 梁国/杨氏子/九岁,甚/聪惠。孔君平/诣其父,父/不在,乃/呼儿出。为/设果,果/有杨梅。孔/指以示儿/曰:"此/是君家/果。"儿/应声答曰:"未闻/孔雀/是夫子家/禽。" 闯关三:三读,理解句子意思。 默读课文,参考注释,说说每一个句子的意思。注意带点的字呀。 1. 梁国杨氏子九岁,甚聪惠。 2. 孔君平诣其父,父不在,乃呼儿出。 3. 为设果,果有杨梅。 4. 孔指以示儿/曰:"此是君家/果。" 5. 儿应声答曰:"未闻孔雀是夫子家禽。" 闯关四:四读,有提升 1. 思考:你觉得杨氏之子的机智表现在哪里? 2. 这个故事最精彩、最吸引人的是什么? 通关卡:(检测)	1. 自学闯四关,闯过一关,画一个笑脸。 2. 没有完成任务的先与对子一起探究。 3. 最先闯过四关的同学帮助没有完成导学案的同学闯关;对子不能解决的,组内解决;组内没有解决的问题写到小黑板上。 4. 过关小组组长报到得分。 （把诗词美美地多读一两遍,按节奏读好诗词,你就可以在下一节的朗读PK中大显身手了!） **反思栏:** 我的不会、易错点是: 已解决　待解决

演练场展示提升秀技能

展一：
边读课文边讲每句意思。

欢迎来到演练场大显身手，相信你的大胆展示会给小组带来荣誉，给课堂带来精彩生成！加油啊！

展二：

朗读 PK 秀。我能把文言文的韵味读出来。
(形式可以多样：小组 PK、异号 PK，还可以发起挑战)

展三：
表演秀(我们用表演的形式展示课文内容，体会人物心理)

展四：
试着背诵(熟读成诵)

小结

检测：听写词语：

同学们，让我们来展示本节课的收获吧！

_____
_____
_____

展示要求：

1. 展形象：声音洪亮，站姿挺拔，自信大方。
2. 展内容：讲解清晰，重点突出，组内补充。
3. 展衔接：前后衔接，自然流畅，礼貌得体。
4. 展板书：字体端正，行款整齐。
5. 展时效：5 分钟时间不超时。

自我评价：

我最精彩的表现：

下节课努力方向：

五年级语文导学案

编号 20105x04017

课题:《梦想的力量》	课型:自学探究课＋展示提升	课主备人:宋红伟
导学教师: 　　　小主人: 　　　班级:		小组:

【学习目标】
1. 我能认识6个生字,读读记记"放弃、下旬、募捐、水泵、颠簸、节奏、簇拥、迫不及待、辛辛苦苦、一声不吭"等词语。
2. 练习快速阅读的能力,读懂课文内容,体会题目的含义

知识宫阅读闯关探新知	知识宫闯关须知:
闯关一:初读,扫清字词障碍 　大声朗读一遍课文,读准下列词语的字音,并联系上下文理解词义。 　迫不及待　执著　募捐　污染　颠簸 闯关二:再读,知大意、理脉络 　快速浏览课文,边读边思考: 　课文通过记叙6岁的加拿大男孩_____为了实现_____这一梦想,而不懈努力,终于梦想成真的故事,体现了瑞恩_____的美好童心。 闯关三:三读,细品味 　1.细读课文,画出瑞恩的梦想是什么和他是怎样实现自己的梦想的。 　2.品读课文,找一找作者在表达上有哪些特点? 闯关四:四读,有提升(默读全文) 　你有什么梦想?读了这篇文章,你有怎样的感受?请写一段话。 _____ _____ _____ 通关卡:(检测) 　读一读,写一写。 　放弃、下旬、募捐、水泵、颠簸、节奏 　簇拥、迫不及待、辛辛苦苦、一声不吭 _____ _____	自学闯四关,闯过一关,画一个笑脸。 没有完成的任务先与对子一起探究。 组长带领最先闯过四关的同学帮助没有完成导学案的同学闯关,组内没有解决的问题写到小黑板上。过关小组报到得分。 **反思栏:** 我的不会: 易错点是: 已解决: 待解决:

（难懂的句子可要多读几遍）

演练场展示提升秀技能 展一： 画出本课的知识树。概括文章的主要内容。 展二： a 朗读 PK 秀。我能找出最令我感动的句子，读出自己的感受。 （形式可以多样：小组 PK、异号 PK，还可以发起挑战） 展三： 读后抒怀 当瑞恩来到非洲后，站在"瑞恩的井"边时，他会想些什么？（可以说一说、唱一唱、编成顺口溜、儿歌等） 检测： 反思栏：我的不会： 　　　　易错点是： 　　　　已解决： 　　　　待解决：	**展示要求：** 展形象：声音洪亮，站姿挺拔，自信大方。 展内容：讲解清晰，重点突出，组内补充。 展衔接：前后衔接，自然流畅，礼貌得体。

五年级语文导学案

编号 20105x04016

课题:《桥》	课型:自学探究课+展示提升课	主备人:宋红伟
导学教师:	小主人:　　　班级:	小组:

【学习目标】
1. 我能正确流利地朗读课文。
2. 通过研读课文中的重点词句,感悟洪水肆虐的危机情境,体会老汉的大山形象。

知识宫阅读闯关探新知	知识宫闯关须知:
闯关一:初读,扫清字词障碍 大声朗读一遍课文,读准下列词语的字音,并联系上下文理解词义。 　　咆哮　势不可当　狞笑　拥戴　放肆　呻吟　祭奠 闯关二:再读,知大意、理脉络 快速浏览课文,边读边思考: 　　本文作者满怀深情地塑造了一位普通的老共产党员的光辉形象,面对狂奔而来的(　　),他以自己的威信和沉稳、高风亮节、果断的指挥,将村民们送上跨越死亡的生命桥。他把生的希望(　　)别人,把死的危险(　　)自己,用自己的血肉之躯筑起了一座不朽的桥梁。 闯关三:三读,细品味 1.这究竟是一场怎样可怕的洪水呢?哪些句子是描写洪水的,用〈　〉找出,读一读,谈谈体会。 2.用"——"画出文中的比喻句,读一读,说说用这种修辞手法的好处。 3.用"～～"画出文中的比喻句,读一读,说说用这种修辞手法的好处 4.用(　)找出描写老汉的句子,你从中感受到老汉是个怎样的人? 闯关四:四读,有提升(默读全文) 　　文中的老汉与小伙子是什么关系,你从哪里知道的?作者这样安排有什么好处呢? 　　老汉和小伙子,他们是一对亲生的父子啊!那么,当时老汉的揪和推;小伙的瞪和推,背后又有着怎样的内心世界呢?写一写,老汉与儿子的内心独白。分组写 　　④父亲从队伍里揪出儿子,——儿子啊　　　　　　　　。 　　⑤儿子瞪了父亲一眼,——父亲啊　　　　　　　　　　。 　　⑥儿子推了父亲一把,——父亲啊　　　　　　　　　　。 　　④父亲推了儿子一把,——儿子啊　　　　　　　　　　。 　　通关卡:(检测)	自学闯四关,闯过一关,画一个笑脸。没有完成的任务先与对子一起探究。组长带领最先闯过四关的同学帮助没有完成导学案的同学闯关,组内没有解决的问题写到小黑板上。过关小组报到得分。 **反思栏:** 我的不会: 易错点是: 已解决: 待解决:

（难懂的句子可要多读几遍）

写一场面片断,注意把你看到的人物的语言、动作、神态等写出来。 _____ _____ _____	
演练场展示提升秀技能 展一: 画出本课的知识树。概括文章的主要内容。 展二: 朗读 PK 秀。我能找出最令我感动的句子,读出自己的感受。 (形式可以多样:小组 PK、异号 PK,还可以发起挑战) 展三: 读后抒怀 用一个带"桥"字的句子赞美老汉 检测: 反思栏:我的不会: 易错点是: 已解决: 待解决:	**展示要求:** 展形象:声音洪亮,站姿挺拔,自信大方。 展内容:讲解清晰,重点突出,组内补充。 展衔接:前后衔接,自然流畅,礼貌得体。

四年级语文导学案

编号 20104S08031

课题:飞向蓝天的恐龙	使用时间:2课时	课型:自学探究课+展示提升课
主备人:李颖颖	导学教师: 小主人:	班级: 小组:

【学习目标】
1. 会认7个生字,会写13个生字。
2. 能体会准确生动的语言特点,正确、流利、有感情地朗读课文,背诵自己感兴趣的语段。
3. 练习有条理地复述恐龙飞向蓝天的演化过程,提高口头表达能力。
4. 激发学生的学习兴趣,培养学生大胆质疑、热爱科学、钻研科学的精神。

知识宫闯关探新知	温馨提示
闯关一:(初读任务) 初读课文:画出生字新词。 闯关二:(再读任务) A. 自由读课文,思考:课文主要写了哪些内容。 B. 想一想:恐龙是怎样演化成鸟类的? 闯关三:(三读任务) 了解演化过程。 (1)自主阅读,画出课文中的相关语句。 (2)小组研讨:根据课文内容和表格提示,与同学合作填写表格。	正音:"凌、恐、凶、盈"都是后鼻音,"笨、仅、敏"是前鼻音,要准确,"崭"的声母是翘舌音。

恐龙的演化过程	特点	说明的角度
第一代恐龙		
繁衍生息的庞大家族	有的四足奔跑	从生活习性上
		从性情上

闯关四:(四读任务)
有条理地说一说恐龙飞向蓝天的演化过程
通关卡:(猜词语比赛)
颜色多,灿烂多彩——(   )
在空中回旋地飞——(   )
高高地在天空中或高升到天空中——(   )
动作迅速而灵敏——(   )
说话或写文章时最重要的部分——(   )
反思栏:

闯关成功就领一个笑脸吧!

演练场拓展秀技能

展一：小组分工读课文。
　　　三分法：介绍恐龙的句子。
　　　　　　介绍鸟类的句子。
　　　　　　介绍它们之间的关系。
展二：说一说：恐龙飞向蓝天的演化过程是怎样的呢？

展三：走进恐龙博物馆，讲解恐龙的演变

（出示152页图）假设你就站在这飞向蓝天的恐龙化石前，作为小解说员的你怎样向参观者介绍这一演化过程呢？

检测

1. 拼一拼，写一写。
bèn zhòng　　xiōng měng　　qīng yíng　　mǐn jié
（　　　）　（　　　）　（　　　）　（　　　）
miáo huì　　dùn shí　　zhǎn xīn　　kǒng lóng
（　　　）　（　　　）　（　　　）　（　　　）

2. 想一想，写一写，给加点词换一个意思相近的词。
恐龙的一支经过漫长的演化。（　　　）
顿时，全世界的研究们都欣喜若狂。（　　　）（　　　）
有些恐龙动作十分敏捷。（　　　）
它的后代繁衍成了一个形态各异的庞大家族。（　　　）（　　　）
反思栏：

温馨提示：
站姿要大方，
声音要洪亮，
倾听要认真哟！

对自己的表现还满意的话，就领一个大拇指，自我鼓励一下吧！

四年级语文导学案

编号 20114X04015

课题:《一个中国孩子的呼声》 课型:自学探究课+展示提升课 主备人:范俊玲
导学教师: 小主人: 班级: 小组:

【学习目标】
1. 认识7个生字,学会14个生字,正确读写"维护、壮烈、牺牲、谢意、沉浸、深情、凯旋、圣坛、威胁、呼吁、永驻人间"等词语。
2. 正确、流利、有感情地朗读课文。
3. 学会运用边读边想象画面、联系上下文、联系生活体验和获取的材料等方法理解含义深刻的句子,感悟雷利失去亲人的悲愤、对和平的无比渴望和呼吁和平的真挚感情。
4. 理解信的主要内容,体会作者表达的真挚感情,树立热爱和平、维护和平的信念。

知识宫阅读闯关探新知	知识宫闯关须知:
闯关一:初读,扫清字词障碍 大声朗读一遍课文,给下列词语的注音,并联系上下文理解词义。 卓越、蓝盔、凯旋、手腕、弥漫、威胁、圣坛、 会写这些词:维护、壮烈、牺牲、谢意、沉浸、深情、圣坛、呼吁、永驻人间、出征 _____ **闯关二:再读,知大意、理脉络** 快速浏览课文,边读边思考: 本文主要讲了_____ _____ **闯关三:三读,细品味** 探究"呼声",感悟父亲形象 爸爸在战争中牺牲了,那他是个怎样的父亲?你从中体会到什么?用红笔批画。 潜心会文,体味丧父之痛 1. 想象灵柩归来的场景 自由读文,思考:在第3自然段里,哪些词语深深打动了你?为什么?说说你的感受。 2. 此时此刻,如果你是雷利,面对爸爸的遗体,你的心情如何?你会说些什么? 对世界并不太平的感悟 画出有关句子,说说自己的看法。 **闯关四:四读,有提升(默读全文)** 我想对蓄意发动战争的国家说:"_____" _____ **通关卡:(检测)**	自学闯四关,闯过一关,画一个笑脸。没有完成的任务先与对子一起探究。 组长带领最先闯过四关的同学帮助没有完成导学案的同学闯关,组内没有解决的问题写到小黑板上。过关小组报到得分。 ○小结归纳主要内容的方法,如:有的同学是抓住课题联系课文归纳的,有的同学是把课文各部分意思连起来归纳的。

演练场展示提升秀技能
展一：

画出本课的知识树。概括文章的主要内容。

展二：
朗读PK秀。我能找出令人感动的段落读出自己的感受。
（形式可以多样：小组PK、异号PK，还可以发起挑战）

展三：
表演秀。爸爸的牺牲令人痛惜，我要用读一读、演一演的方式展示爸爸灵柩归来时的情境。

要掌握好时间哟！

展四：
读后联想
我来给大家交流课下收集的当代发生的战争。

检测：

反思栏：我的不会：
　　　　易错点是：
　　　　已解决：
　　　　待解决：

展示要求：
展形象：声音洪亮，站姿挺拔，自信大方。
展内容：讲解清晰，重点突出，组内补充。
展衔接：前后衔接，自然流畅，礼貌得体。

二年级语文导学案

编号：20112x06021

课题:《21 画家和牧童》 第一课时 课型:自学探究＋展示提升 主备人:黄晓娟
导学教师: 班级: 小组: 小主人:

【学习目标】
1. 我要认识"戴、蔼"等13个生字,会写"购、商"等12个生字。
2. 我要正确、流利地朗读课文,知道课文讲了什么内容。

知识宫阅读闯关探新知（三步读书法）
（ ）1.闯关一:自己把本课的生字带拼音读两遍,然后把课文读一遍,要读正确。
（难读的句子可要多读几遍哦!）
（ ）2.闯关二:跟结对的小朋友一起读一遍课文,要读得正确、不丢字、不掉字,读完以后再一起给两条蓝线中间的每个生字组两个词语。
（ ）3.闯关三:小组一起读课文,要读得正确、流利,读完以后说说知道了什么。
演练场展示提升秀技能
展一我会读:正确、流利地朗读课文。
展一我会认:认识本课生字。
展三我会写:我能把本课要求会写的生字写正确、写漂亮。
（展示时要大声、大胆、大方!你肯定能做到!）
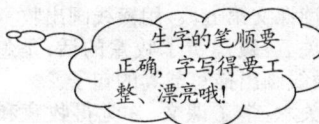（生字的笔顺要正确,字写得要工整、漂亮哦!）
通关测评我能行：
  xiōng dì   dāi zhù le   shāng rén   mǒ
（ ）（   ）（   ）浓墨涂（ ）
  jué dìng   jià qián   gòu mǎi   pī píng
（   ）（   ）（   ）（   ）
  jǐ jìn lái   gǒng shǒu
（   ）（   ）
（写得正确、漂亮就奖给自己一个大拇指吧!)
使用时间: 月 日
	知识宫闯关须知：
	1. 自学闯前两关,闯过一关,在括号里画一颗星。
	2. 第三关由组长带领组员闯关,组长给组员得星。
	3. 过关小组组长报到得分。
	
	展示要求
	1. 展形象,声音洪亮,站姿挺拔,自信大方。
	2. 展内容,讲解清晰,重点突出,组内补充。
	3. 展衔接,前后衔接,自然流畅,礼貌得体。

二年级语文导学案

编号：20112x06021

课题：《21 画家和牧童》 第二课时 课型：自学探究＋展示提升 主备人：黄晓娟
导学教师： 班级： 小组： 小主人：

【学习目标】
1. 我能有感情地朗读课文，体会画家和牧童的优秀品质。
2. 懂得要敢于挑战权威，也要谦虚谨慎。

复习旧知我最棒 （　）爱戴 价钱 购买 浓墨涂抹 和蔼 批评 翘起来 驱赶 牛蝇 惭愧 拱手 **知识宫阅读闯关探新知** （　）闯关一：戴嵩是个什么样的人？大声读课文第一段，用横线画出描写戴嵩的句子。 　用"……一……就……"说句子。 （　）闯关二：戴嵩是怎么画画的？默读课文第二段，用横线画出描写戴嵩画画的句子。 　用"……一会儿……一会儿……"说句子。 （　）闯关三：人们怎样称赞戴嵩？先默读课文第三段和第四段，用横线画出人们称赞戴嵩的句子，然后有感情地朗读。 （　）闯关四：牧童看了画，是怎么说的？他为什么说戴嵩画错了？默读课文第五段，用横线画出牧童说的话。 （　）闯关五：戴嵩听了牧童的话，是怎么做的？朗读课文第六段，用横线画出描写戴嵩的句子。 （　）闯关六：学了课文，你觉得牧童和戴嵩分别是什么样的人？ 　牧童是个＿＿＿＿＿＿的人，戴嵩是个＿＿＿＿＿＿的人。 **演练场展示提升秀技能** 通关测评我能行： 他的画一挂出来，就有许多人观赏。 　＿＿＿＿一＿＿＿＿，就＿＿＿＿＿＿＿＿＿＿＿＿。 他一会儿浓墨涂抹，一会儿轻笔细描，很快就画成了。 　＿＿＿＿一会儿＿＿＿＿，一会儿＿＿＿＿＿＿＿。 （完成后就奖给自己一个大拇指吧！） 　　　　　使用时间： 月 日	复习旧知要做到： 1. 跟结对的小朋友一起大声读两遍词语。 2. 互相检查，读对词语得一颗星。 知识宫闯关须知： 1. 自学闯关，闯过一关后，在括号里画一颗星。 2. 有不会的题先与结对的小朋友交流，然后再组内交流！ 3. 过关小组组长报到得分。 展示要求： 1. 展形象：声音洪亮，站姿挺拔，自信大方。 2. 展内容：讲解清晰，重点突出，组内补充。 3. 展衔接：前后衔接，自然流畅，礼貌得体。

要把每个字音读准确哦！

展示时要大声、大胆、大方！你肯定能做到！

一年级语文导学案

编号:20111x07027

课题:两只小狮子　第一课时　课型:自学探究+展示提升　主备人:刘建霞
导学教师:　　　班级:　　　小组:　　　小主人:　　　使用时间:

【学习目标】
1. 认识"狮、整"等14个生字。会写"练,习"等6个字。
2. 正确、流利、有感情地朗读课文。

第一模块:学生自学(三步读书法)

1. 第一步:自己把本课田字格里的生字带拼音读两遍,然后把课文读一遍,要读正确。

2. 第二步:跟结对的小朋友一起读一遍课文,要读得正确、不丢字、不掉字,读完以后再一起给生字条里的每个生字组一个词语。

3. 第三步:小组一起读课文,要读得正确、流利,读完以后说说知道了什么。

展示要求:

展形象:声音洪亮,站姿挺拔,自信大方。

展板书:字体端正,行款整齐。

第二模块:学生展示

展示时要大声、大胆、大方!你肯定能做到!

1. 我会读:正确、流利地朗读课文。

生字的笔顺要正确,字写得要工整、漂亮哦!

2. 我会认:认识本课生字。

3. 我会写:我能把本课要求会写的生字写正确、写漂亮。

第三模块:学生达标测评

我能把课文读得正确、流利。(读得正确、流利就奖给自己一个大拇指吧!)

一年级语文导学案

编号：20111x07027

课题:两只小狮子　第二课时　课型:自学探究＋展示提升　主备人:刘建霞
导学教师：　　　　班级：　　　　小组：　　　　小主人：　　　　使用时间：

【学习目标】
1. 学习朗读疑问句和感叹句。
2. 了解两只小狮子的不同表现，明白不能依赖父母，应该从小学习生活本领的道理。

	师生笔记：
第一模块： 1. 复习生字词和句子：(跟结对的小朋友一起大声读两遍) 　练习　苦乐　学生　非常　是非 2. 再读课文。	要把每个字音读准确哦！
第二模块：学生自学、展示 1. 从哪里可以看出第一只小狮子练本领非常刻苦？ 2. 懒狮子真的很懒吗？从哪些地方可以看出来？ 3. 你觉得懒狮子这样做有道理吗？ 4. 你从懒狮子和妈妈的对话中体会到了什么？ 5. 懒狮子听了妈妈的话会怎么想？怎么做？ 6. 分角色朗读课文。 **第三模块：质疑探究** **第四模块：学生达标测评** 　我能说出好多这样的短语。(122页)(读好后就奖给自己一个大拇指吧！)	自学方法：1. 先自己读课文找答案；2. 有不会的先与结对的小朋友交流，然后在组内交流！

三年级语文导学案

编号：20103S

课题:观察中的发现(习作)	课型:自学跟踪合作展示	使用时间：	主备人:王艳
导学教师：	小主人：	班级：	小组：

【学习目标】
1.我能读懂例文,了解小作者是怎样用自己的眼睛发现小动物的,又是如何细致地写出它们的活动的。
2.我会用一颗充满好奇的心去细心观察,认识事物,学做生活中的有心人。
3.我要按要求完成习作,把自己的发现认真细致地描写出来,做到文通句顺。

【自主学习】	第一课时闯关须知：
闯关一:激发情趣,倾听"发现" 1.听大家的发现:(1)我发现树叶变黄了,一片片叶子像蝴蝶似的落下来;(2)我还发现秋天来了,阳光变柔和了;(3)我们小朋友穿的衣服越来越多了…… 2.说自己的发现： _____ _____ 闯关二:范文引路,学会"发现" 1.学生自读辛同飞小朋友的《我的发现》。思考： A 他发现了哪些令他喜欢的东西？_____ B 这些东西是怎样的？_____ C 他是怎么会发现的？_____ 2.你能总结辛同飞是怎样把自己的发现写清楚的吗？ _____ 闯关三:走进生活,寻找"发现" 1.走出课堂,走向校园,寻找"发现"。 2.走出校园,走进生活,去草丛,去树林,去池塘,去田野,寻找"发现"。 闯关四:各抒己见,细说"发现" 　　　要求:力求把自己的发现说清楚（什么时候发现的;什么地方发现的;发现了什么;发现的东西是什么样的）。 1.跟对子互相说说自己的发现。 2.集体交流,互相评议。 每组抽出一、两名学生交流,顶针式评价。	自学闯四关,闯过一关,画一个笑脸。没有完成任务的先与对子一起探究。 最先闯过四关的同学帮助没有完成导学案的同学闯关;对子不能解决的,组内解决;组内没有解决的问题写到小黑板上。 过关小组组长报到得分。 记住:每个人都有一双善于发现的眼睛,快到大自然中去寻找你的发现吧！ **第二课时展示要求：** 展形象:声音洪亮,站姿挺拔,自信大方。

闯关五:起草成段,描写发现 1.把自己的发现写下来。 2.写完后,先自己读习作,看看是否写明白。 闯关六:师生评价,修改"发现" 1.欣赏习作。 指名学生朗读一篇优秀习作,说说好在哪里? 2.修改习作。 (1)挑选一篇没有写清楚发现的习作,共同修改。 (修改时着重落实在如何把自己的发现叙述清楚,做到文通句顺。) (2)学生自己修改习作。 闯关七:誊写"发现",配画插图 1.学生誊写习作,要求誊写规范,书写端正。 2.可以在习作旁配画插图。 范文 　　　　　　　小河边的发现 　　星期天,我来到小河边。河岸上长满了小草,开满了小花,引来了一只只小蜜蜂。小蜜蜂"嗡嗡嗡"唱着歌,一会儿飞到这儿,一会儿飞到那儿,十分开心。看,小蜜蜂头上有两对触角,很像电视机上的天线。小蜜蜂的身子是有条纹的,看起来很漂亮。瞧,它又落在这朵小花上,我想,它可能与花儿还没说完悄悄话呢!再看地上,勤劳的小蚂蚁们,它们手拉着手,排着长长的队伍正急急忙忙地往前爬呢!我顺着它们的前进望去,原来它们正扛着一块骨头往回赶呢!望着这些小蚂蚁,我想:它们也知道团结友爱呢!	展内容:讲解清晰,重点突出,组内补充。 展衔接:前后衔接,自然流畅,礼貌得体。 展板书:字体端正,行款整齐。 展时效:5分钟时间不超时。 （他发现了什么?） （他们都是怎样的?）

一年级语文导学案

编号:20111x01001

课题:《小壁虎借尾巴》 第一课时 课型:自学探究+展示提升 主备人:郭振芳
导学教师: 班级: 小组: 小主人: 使用时间:

【学习目标】
1.会认"壁、虎"等9个生字,会写"河、姐"等6个生字。
2.有感情地朗读课文,读好对话的不同语气。

第一模块:学生自学(三步读书法)

1.第一步:自己把本课填字格里的生字带拼音读两遍,然后把课文读一遍,要读正确。

2.第二步:跟结对的小朋友一起读一遍课文,要读得正确、不丢字、不掉字,读完以后再一起给生字条里的每个生字组两个词语。

3.第三步:小组一起读课文,要读得正确、流利,读完以后说说知道了什么。

展示要求:

展形象:声音洪亮,站姿挺拔,自信大方。

展内容:讲解清晰,重点突出,组内补充。

展衔接:前后衔接,自然流畅,礼貌得体。

展板书:字体端正,行款整齐。

展时效:4分钟时间不超时。

第二模块:学生展示
1.我会读:正确、流利地朗读课文。

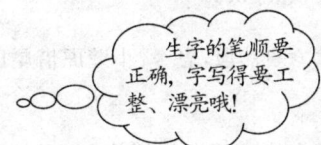

2.我会认:认识本课生字。

3.我会写:我能把本课要求会写的生字写正确、写漂亮。

第三模块:学生达标测评
我能把课文读得正确、流利。(读得正确、流利就奖给自己一个大拇指吧!)

一年级语文导学案

编号：20111x01001

课题:《小壁虎借尾巴》 第二课时 课型:自学探究＋展示提升 主备人:郭振芳	
导学教师： 班级： 使用时间： 小组： 小主人：	

【学习目标】
初步了解一些动物尾巴的作用。

第一模块： 1.复习生字词和句子:(跟结对的小朋友一起大声读两遍) 小河 姐姐 借书 呢 呀 哪 2.再读课文。 **第二模块:**学生自学、展示	师生笔记： 要把每个字音读准确哦

自学方法：1.先自己读课文找答案；2.有不会的先与结对的小朋友交流,然后在组内交流!

1. 读课文,说一说:小壁虎问什么要借尾巴? 指名读,评议。

2. 再读第三自然段,小壁虎借到尾巴了吗? 是不是借尾巴时没有礼貌,所以小雨不借给他? 他借尾巴时是怎么说的? 找出那句话读一读,从哪里看出他有礼貌? 这么有礼貌,为什么小鱼不把尾巴借给他? 比赛读,评议。

3. 朗读第六自然段,思考:小壁虎借尾巴的结果怎么样? 比赛读,评议。

4. 朗读七自然段,你知道了什么? 从这里你知道小壁虎的尾巴有什么特点?

5. 分角色朗读,了解一些动物尾巴的作用。

第三模块:质疑探究。

第四模块:学生达标测评。

我能读好书上这篇课文。(读好后就奖给自己一个大拇指吧!)

五年级语文导学案

编号 20106s08005

课题:《伯牙绝弦》	课型:自学探究课＋展示提升课	主备人:张伟利
导学教师:	小主人: 班级:	小组:

【学习目标】
1.我要正确朗读课文,读出文言文的味道。
2.我能根据注释和课外资料了解词句意思,能用自己的话讲讲这个故事。(重点)
3.我能背诵课文,感受朋友间真挚的友谊。(重点)

自学善思,读悟结合,我能行

（难懂的句子可要多读几遍。）

知识宫闯关须知:
自学,完成第一面。
没有完成的任务先与对子一起探究。
组长带领最先闯过四关的同学帮助没有完成导学案的同学闯关,组内没有解决的问题写到小黑板上。
过关小组报到得分。

1.初读课文,我要读通课文,并试着读出文言文的韵味来
伯牙/善/鼓琴,钟子期/善听。伯牙鼓琴,志在高山,钟子期曰:"善哉,峨峨兮/若/泰山!"志在流水,钟子期曰:"善哉,洋洋兮/若/江河!"伯牙/所念,钟子期/必得之。子期死,伯牙/谓/世/再无知音,乃/破琴/绝弦,终身/不复鼓。

2.再读知文意
(1)朗读课文,标出不理解的词,借助注释,批注在课文中。
提示:借助注释,联系上下文是理解文言文的好方法。
(2)我能用自己的话说说课文的意思。

3.三读细品味
(1)伯牙鼓琴,志在高山,钟子期曰:"善哉,峨峨兮若泰山!"志在流水,钟子期曰:"善哉,洋洋兮若江河!"

①钟子期从俞伯牙的琴声中联想到了什么?
_____

②我能用朗读的方式来表达钟子期此时的心情。
(2)伯牙谓世再无知音,乃破琴绝弦,终身不复鼓。

钟子期死后,伯牙,毅然决然地,这是何等悲壮而又感人的行为! 我能用朗读的方式来表达伯牙的心境!

4.四读有提升
(1)默读课文,我知道文言文与现代文的不同之处:

(2)我能背诵课文。

（把所画的句子美美地读一两遍,读好这些句子,你就可以在下一节的朗读PK中大显身手了!）

演练场展示提升秀技能

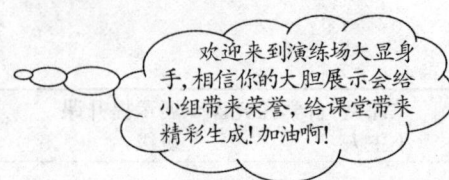

展一：我能用自己的话讲讲这个故事。（展示完，可以邀请其他小组对抗补充哟！）

展二：声情并茂朗读秀。（要求：分角色，加上适当的动作、表情。）

展三：伯牙鼓琴，志在峨峨泰山、洋洋江河，子期都能真正听懂，伯牙的琴声还会表现哪些动人的场景呢？子期又会怎样说呢？我能以排比句的形式说一说，并通过朗读表达出来子期都能真正听懂伯牙的琴声。（如：明月皎皎、白雪皑皑、杨柳依依……）可以邀请其他组同学补充。

展四：朗读秀诵读全文 PK 背诵课文（组织发起 PK，形式可以多样，小组 PK，组同号 PK，领诵，但是要掌握时间哟！）

当堂检测

1. 自学课：重点词的解释，朗读课文。

2. 展示课：背诵课文。

课外拓展

明代小说家冯梦龙在《警世通言》这一本书中，用生动的笔触描写了这个动人的故事。在子期墓前，伯牙曾经写下了一首短歌，来悼念自己的知音钟子期：

忆昔去年春，江边曾会君。今日重来访，不见知音人。但见一抔土，惨然伤我心！伤心伤心复伤心，不忍泪珠纷。来欢去何苦，江畔起愁云。此曲终今不复弹，三尺瑶琴为君死！

1. 有感情地朗读这首短歌。

2. 从这首短歌中，你能体会出什么？

展示要求：

展形象：声音洪亮，站姿挺拔，自信大方。

展内容：讲解清晰，重点突出，组内补充。

展衔接：前后衔接，自然流畅，礼貌得体。

展控制：5分钟时间不超时。

反思栏：
我的不会、易错点是：

已解决：待解决

图书在版编目(CIP)数据

为了学生的学/姚文俊,金耀林主编. —济南：山东文艺出版社，2011.9

(殷都样板)

ISBN 978-7-5329-3595-6

Ⅰ.①为… Ⅱ.①姚… ②金… Ⅲ.①中小学－教学研究 Ⅳ.①G632.0

中国版本图书馆 CIP 数据核字(2011)第 173418 号

主管部门	山东出版集团
集团网址	www.sdpress.com.cn
出版发行	山东文艺出版社
电子邮箱	sdwy@sdpress.com.cn
地　　址	济南市英雄山路 189 号
印　　刷	山东临沂新华印刷物流集团有限责任公司
版　　次	2011 年 9 月第 1 版
	2011 年 9 月第 1 次印刷
规　　格	开本/170×240 毫米　16 开
	印张/19　插页/1　千字/285
定　　价	32.00 元

教育发现书系隆重推出

类别	书名	作者
高效课堂篇	善待杜郎口——李镇西教学随笔	李镇西 著
	教育即道德	田保华 著
	杜郎口"旋风"（修订版）	李炳亭 著
	高效课堂22条	李炳亭 著
	高效课堂九大"教学范式"	李炳亭 著
	我给传统课堂打0分	李炳亭 著
	课改立场：一个区域教育的实践样本	李炳亭 褚清源 张志博 著
	高效课堂导学案设计	张海晨 李炳亭 著
	问道课堂：高效课堂理念与方法的26个追问	李炳亭 褚清源 著
	发现高效课堂密码	于春祥 著
	中国当代课改档案	李炳亭 洪湖 著
学校管理篇	发现班主任智慧：追求充满人性的教育	郭文红 著
	班级问题诊断	高影 编
	治班有招	高影 编
	治班有道	高影 编
	问题学生诊断	高影 编
	学校管理智慧：教师成长	吴盈盈 编
	学校管理智慧：管的艺术	吴盈盈 编
	学校管理智慧：找到学校的魂	吴盈盈 编
	学校管理智慧：校长成长	吴盈盈 编
	学校智道	褚清源 著
	校长之道	姚文俊 著
教师成长篇	蒋自立与自我教育	蒋自立 著
	李平老师讲语文	李平 著
	做幸福的老师	翟幸福 主编
	使人成为人	司家栋等 著
	课堂问题与争鸣	叶飞 编
	教师成长密码	叶飞 编
	问道中国教育：仰望教育的天空	雷振海 李炳亭 编
	问道中国教育：撬动教育的支点	雷振海 李炳亭 编
	问道中国教育：追寻教育的幸福	雷振海 李炳亭 编
	问道中国教育：改变教育的思维	雷振海 李炳亭 编
	问道中国教育：追溯教育的原点	雷振海 李炳亭 编
区域课改之殷都样板	殷都样板：小学低年级导学案点评	姚文俊 金耀林 主编
	殷都样板：小学英语导学案点评（3—6年级）	姚文俊 金耀林 主编
	殷都样板：小学数学导学案点评（3—6年级）	姚文俊 金耀林 主编
	殷都样板：小学语文导学案点评（3—6年级）	姚文俊 金耀林 主编
	殷都样板：中学导学案点评	姚文俊 金耀林 主编
	为了学生的学	姚文俊 金耀林 主编
	分数大变脸	姚文俊 金耀林 主编
	做智慧教师	姚文俊 金耀林 主编
	模式就是生产力	姚文俊 金耀林 主编
	"主体多元"在殷都	姚文俊 金耀林 主编

地　址：山东省济南市英雄山路189号山东文艺出版社　　邮　编：250002
购书热线：0531—82098775　　投稿信箱：jiaoyufaxian@126.com
投稿热线：0531—82098789　　读者交流QQ群：69362448